新时代高等院校会计类专业精品系列教材

国家级一流本科专业配套教材

国家级一流本科课程配套教材

iCourse·教材

国家精品在线开放课程

新形态教材

U0771821

ERP模拟经营沙盘

（第二版）

主　编　邹　燕

副主编　贾晓莉　陈自洪

高等教育出版社·北京

内容简介

　　本教材是教育部工商管理类专业教学指导委员会组织的教学质量国家标准的示范课程配套教材，配有慕课，并在"学习强国"上线。教材在保留第一版精髓的基础上，从沙盘理论学习出发，强调理论与实操相结合的学习模式，配有大量操作小工具，着力打造普适性、趣味性和实用性的学习资源。全书分为四篇，主要内容包括：(1) 企业运营的财务基础理论与模拟设计；(2) 以现金流为导向，讲解沙盘模拟经营规则和示例；(3) 基于经营者视角，巧用预算工具，塑造运营逻辑，并从投资者维度，分类对比探析，运筹把控全局；(4) 玩家体验与拓展。教材通过二维码嵌入丰富的情景式案例资源，并根据"学习应用场景"搭建"营火""水源""洞穴""生活"四个应用场景，承载多元的电子学习资源，与在线课程互通，方便读者自主式学习、递进式阅读和体验式实操。

　　本书可作为高校经济管理类专业的学习教材，也可作为沙盘模拟经营比赛的培训教材，关联的慕课可提供免费的学习资源，全方位地辅助读者进行知识拓展、思维碰撞及交流实操感悟。

图书在版编目（CIP）数据

　　ERP 模拟经营沙盘 / 邹燕主编；贾晓莉，陈自洪副主编. -- 2 版. -- 北京：高等教育出版社，2025.8.
　　ISBN 978-7-04-065329-8

　　Ⅰ. F272.7

　　中国国家版本馆 CIP 数据核字第 2025UQ4183 号

ERP Moni Jingying Shapan

策划编辑	王　琼	责任编辑	王　琼	封面设计	张　楠	版式设计	杨　树
责任绘图	邓　超	责任校对	刘丽娴	责任印制	刁　毅		

出版发行	高等教育出版社	网　　址	http://www.hep.edu.cn
社　　址	北京市西城区德外大街 4 号		http://www.hep.com.cn
邮政编码	100120	网上订购	http://www.hepmall.com.cn
印　　刷	中农印务有限公司		http://www.hepmall.com
开　　本	787mm×1092mm　1/16		http://www.hepmall.cn
印　　张	11	版　　次	2021 年 12 月第 1 版
字　　数	250 千字		2025 年 8 月第 2 版
购书热线	010-58581118	印　　次	2025 年 8 月第 1 次印刷
咨询电话	400-810-0598	定　　价	36.00 元

本书如有缺页、倒页、脱页等质量问题，请到所购图书销售部门联系调换
版权所有　侵权必究
物 料 号　65329-00

总　序

在中国特色社会主义进入新时代、中国高等教育面临新任务新要求的背景下，会计类专业人才培养要紧紧围绕培养什么人、怎样培养人和为谁培养人这一根本问题，牢牢把握立德树人根本任务，立足全球视野，扎根中国经济和管理实践，致力于培养信念坚定、情操高尚、功底扎实、能力突出的高层次会计类人才。

与此同时，随着大智移云物区等新技术的快速迭代，未来社会人才需求的不确定性大幅增加，大学对此很难有效预判，终身学习将成为必然。因此，大学教育的功能定位也必将重塑，其应为学生走出校门之后的终身学习打好基础。我们认为，现代大学的人才培养应定位于厚基础、宽口径、破门槛，即打牢专业基础、拓展跨专业能力、学习"门槛"知识，进而提升学习能力和创新能力，只有这样才能够让学生未来"以不变应万变"。

会计类专业的未来在于会计、财务和信息技术的交叉融合，为此，西南财经大学于2018年在全国范围内率先开设会计学专业（大数据实验班），并从2020年开始，在会计学、财务管理和审计学三个专业人才培养中全面植入大数据分析和机器学习相关课程。我们的人才培养理念可以概括为"3+1"。"3"是指熟知三种逻辑，即会计与财务逻辑、数据分析逻辑和计算机编程逻辑；"1"是指具备一种思维，即战略思维。作为实现上述培养目标和理念的重要载体，新时代高等院校会计类专业精品系列教材力图彰显以下特点。

一是强化专业逻辑，注重理论素养。随着社会经济发展和技术进步，企业组织形式和业务形态在不断演化，商业模式和商业逻辑也在持续变革与重构，相应地，会计准则需要不断修订，财务决策越来越复杂，审计方法需要持续创新，等等。但"万变不离其宗"，无论是报表信息背后的"专业算法"，财务行为的核心理念和决策思路，还是审计目标和原则，都是前后一贯、相融相通的。只有深刻理解具体业务和方法背后的普适性专业逻辑，才能够为今后的专业能力提升打下坚实基础。为此，本套教材力图在讲解具体业务的同时，注重相关的理论分析，以加深学生对专业理念和专业逻辑的理解。

二是扎根中国实践，厚植中国情怀。一方面，科学无国界，在普适性专业逻辑和规律方面，我们要让学生掌握国际通用标准，拓展全球视野；但另一方面，社会科学和经济管理总是与特定的经济发展阶段、社会制度和文化密不可分，因此，会计类人才培养同样需要扎根中国大地。为此，我们在介绍普适性专业理念与逻辑的基础上，注重将专业知识学习置于中国情景，融于中国制度与文化背景，扎根于中国经济管理实践，同时在具体的案例研讨和业务剖析中尽量采用中国案例和中国场景，让学生能够将专业学习与家国情怀有机结合。

三是提升专业门槛，注重专业深度。随着人才竞争的加剧，社会对专业胜任能力要求进一步提升。一个现实情况是，注册会计师资格考试的难度不断加大，复杂新兴业务的出现对会计从业者的专业素养要求也越来越高，在此背景下，我们一方面将业务处理和计算难度适当提升，另一方面强化了对专业知识背后的原理介绍和逻辑分析。

四是瞄准复合型人才，注重跨学科培养。未来高层次会计类人才将是集会计与财务、数据分析与决策、机器学习与智能决策等能力于一身的复合型人才。为此，一方面我们在传统会计类核心教材中融入相关理念和介绍性知识；另一方面我们在此基础上，陆续编写数据分析、机器学习与会计类专业知识相结合的《大数据与会计分析》《大数据与智能财务决策》和《大数据审计》等教材。

五是广纳优秀成果，体现传承创新。专业教材质量的提升需要一代代专业教育者的不懈努力与传承创新。在本套教材的编写过程中，我们一方面继承了西南财经大学会计学院历代教授、学者们的优秀教材成果，例如，郭复初教授、赵德武教授、彭韶兵教授、傅代国教授、吕先培教授、吴学斌教授等先后编写了系列会计类核心教材，其中多本为国家级规划教材；另一方面我们也充分借鉴了国内外会计类优秀教材的编写经验。在此，向前辈和同行们致敬！

西南财经大学会计学院

2021 年 6 月

2023 年 11 月修订

第二版前言

自本书第一版出版以来，我们收到了来自广大读者、同行专家及教育机构的宝贵反馈，这些反馈不仅肯定了我们的努力，也为我们指明了进一步完善教材的方向。在此，我们对所有给予支持和帮助的读者与专家表示衷心的感谢！

近年来，伴随着人工智能的迅猛发展，学生的学习方式发生了巨变。学习方式发展为线上或线上线下混合模式，教材逐步走向电子化，这都是教育现代化和信息化发展的必然趋势。为了更好地适应这一时代趋势，满足读者日益增长的知识需求和个性化学习模式，我们对本教材进行了全面的修订和更新。第二版在保留第一版精髓的基础上，进行了以下四个方面的改进和补充。

一是结构优化：根据"营火""水源""洞穴"和"生活"四大应用场景的设置，我们对教材的章节结构进行了优化调整，使内容的讲述模式更加清晰与有趣，伴随读者全过程学习。

二是案例丰富：我们增加了大量的场景化案例，以在线资源的方式展现，帮助读者理论联系实际，更好地进行理解、运用和反思，提升问题求解能力，形成批判性思维。

三是人工智能助力：基于智能问答软件，贾晓莉设计了决策咨询的范例，帮助读者多方位、多功能、多元化地对课程与本教材进行翻转学习，活用工具，学以致用。

四是数据更新：我们仔细核对、更新了第一版中的文字、数据和图表等内容，对发现的疏漏之处进行了补充和完善，确保第二版的质量更上一层楼。

在修订过程中，我们得到了众多专家学者的悉心指导和热情帮助，他们宝贵的意见和建议使我们受益匪浅。同时，我们也要感谢出版社的大力支持，使得本书能够以更加完美的面貌呈现在读者面前。

尽管我们付出了巨大的努力，但由于时间仓促和水平有限，书中难免还存在一些不足之处。我们恳请广大读者继续给予批评指正，以便我们在未来的修订中不断改进和提高。

最后，我们希望第二版教材能够继续为广大读者提供有价值的参考和帮助，在您的学习、工作和生活中发挥积极的作用。再次感谢您的关注和支持！

编者

2024 年 12 月

第一版前言

（运营前）："老师？我们这是在干什么？我要怎么组队，我该尝试什么角色，这么多规则可怎么办啊？"

（运营中1）："老师，我该怎么去拓展产能？市场和产品需要全开吗？"

市场总监

生产总监

（运营中2）："老师，生产线空出来了，但是材料不够，怎么办？"

（运营中3）："没钱了该怎么办？"

"老师，我们赚到的钱很多，剩余的现金该怎么办？"

财务总监

总经理

（运营后）："老师，我们破产了，也不知道为什么，您能帮忙分析一下吗？"

教师

各位读者，大家好，以上这些问题，相信您都能从本书以及与本书关联的国家精品在线开放课程"ERP 模拟经营沙盘"的学习与原创数字资源应用中有所收获。学习是文明传承之途、人生成长之梯、政党巩固之基、国家兴盛之要。财经知识的终身学习，从本书做起，欢迎您选读本书。

也许您知道企业模拟经营（又称模拟经营沙盘，以下简称"沙盘"），是通过学科竞赛，又或是课堂传授，又或是专项培训……不论从哪方面，估计您已经领略到沙盘的奇妙、好玩与烧脑，可能也看过一些类似的介绍文字或线上教程，又或许您是第一次了解到沙盘，无意翻开了此书，觉得有点意思。那么，不管您对沙盘是不明觉厉还是倍感兴趣，与众不同、别出心裁的本书，不仅能带您感受"如何阅读一本书"，还能让您体验到"如何使用一本书"，它绝对有资格成为您的"案头必备"。

本书从理论学习出发，聚焦平台规则介绍与信息编制报告，让读者在实操中使用所讲知识，帮助大家从应用中锻炼总结与凝练的能力。通过本书，作者希望帮助已有专业知识背景的读者梳理脉络，温习知识要点，并向没有专业知识背景的读者开启大门，铺垫重点。同时，本书凝练平台操作要领，将规则分为现金流入类和现金流出类，运用文字表述和情景案例呈现，分门别类做出介绍。随后，本书通过案例撰写与分析，跳出经营看经营，从单个案例和多个案例两个维度引导学生对企业模拟经营核心进行思考与探索。最后，本书给出课外拓展资源，给意犹未尽的读者提供更广阔的学习空间。

本书构建四大学习场景，分为四篇七章，"营火"场景——导入篇：理论与概述，包括第一章引言和第二章模拟运营的设计；"水源"场景——实操篇：企业经营，现金为王，包括第三章模拟运营之现金流入和第四章模拟运营之现金流出；"洞穴"场景——拓展篇：预算走盘与综合解析，包括第五章信息披露与预算和第六章运营案例解析；"生活"场景——番外篇：学好、做好和玩好，包括第七章玩家心态。您也可以通过本书的逻辑思维图来理解和掌握即将获取的知识与思维（见图 1）。

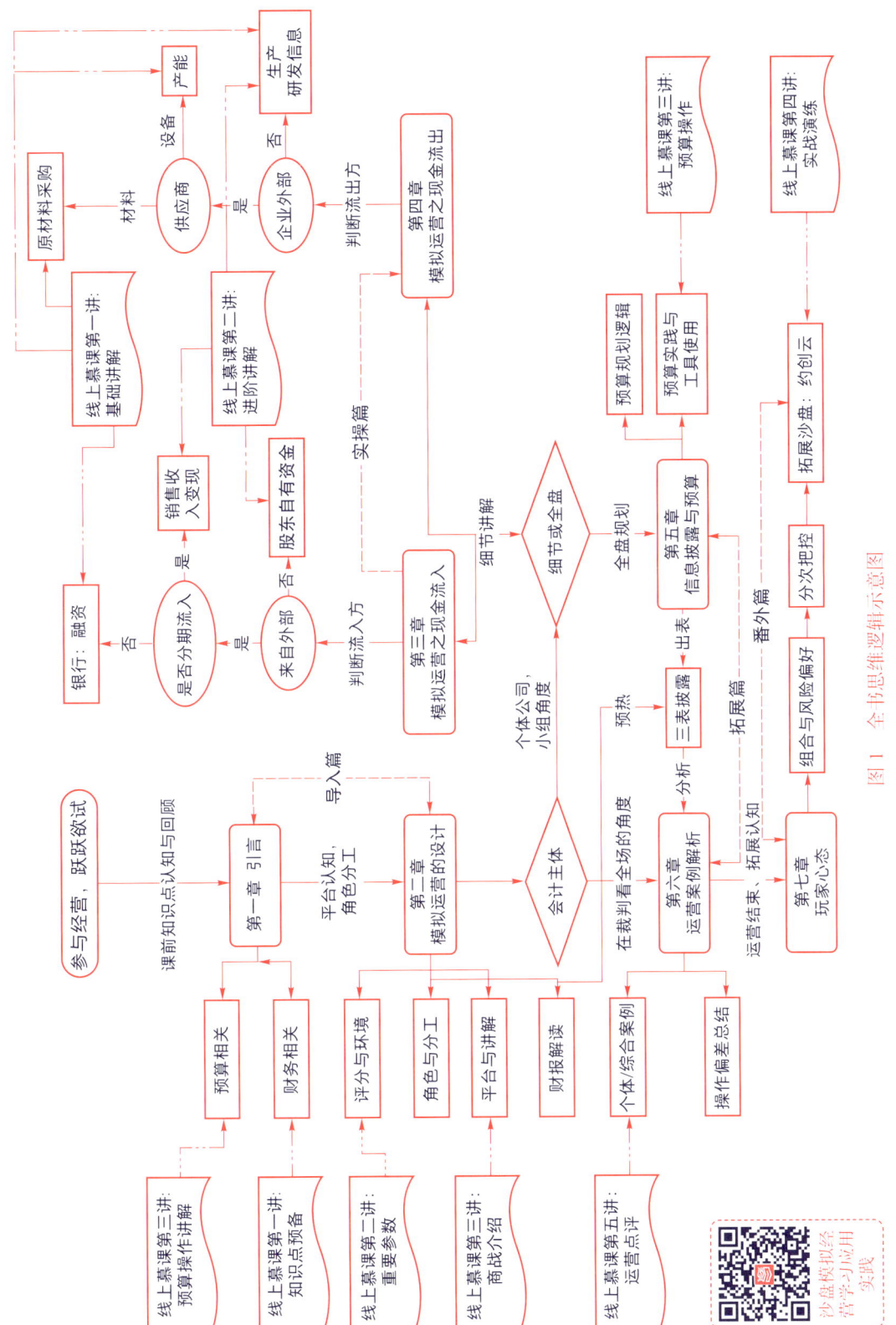

图 1 全书思维逻辑示意总图

本书希望能带给读者以下三个方面的体验。

第一，挖掘探知经营的内在需求，培养高阶思维。通过阅读本书，您会感觉幸好是模拟，一趟实操下来，若纸上谈兵，没有实战经验地乱拳一通、烧钱如纸是多么可怕。您会深感控制与预算的重要性，想要把这些工具真正地学好。也是通过阅读本书，您会发现企业的战略、财务、采购、生产、销售、研发等零散的知识点在头脑中慢慢形成体系，当您站在全局看问题时，再看那些局部的问题是多么清楚与透彻。同时，通过评价、批判与创造，更加深刻理解企业运营真谛。另外，您会深感企业家的社会责任，一家企业的运营任务绝非一人能够独立完成，需要多个角色的协作，并且每个角色都需要认识自己能做什么以及为什么这么做。

第二，稳稳拿捏专业知识，妥妥提升财经素养。也许各类读者是站在距离企业模拟经营起跑线不同位置的，但本书总能让您从您的角度收获价值。对于企业模拟经营的入门读者，本书可以帮助您认识现金流，做好一个简单的盈利计划，那么，您需要从第一章认真读起。对于身处企业模拟经营中的读者，本书可以辅助您获取控制现金流的能力，熟悉设立盈利计划，那么，实操篇是您此刻的最佳帮手。对于已经玩转企业模拟经营的读者，本书不仅可以助您拿稳现金流控制能力，还能帮您灵活调整盈利计划，可以说，拓展篇能帮您进一步提炼与总结，达成对财务状况与经营业绩的认识、编制、预警与管理。不仅如此，在您学习的各个阶段，本书通过各类数字资源，带您理解模拟规则，分析经营战况，反思走盘决策，归纳运营规律，时时锻造自己的专业素养。

"ERP 模拟
经营沙盘"
慕课

第三，文字伴读，数字助解，愉快"走过"四大学习场景。本书多采用情景设计、模拟企业经营过程中的活动细节与参与方式进行案例教学，透过原汁原味的企业经营过程，配备丰富的数字资源，让您在每一次阅读时都有新的体会，对本书爱不释手。同时，本书关联线上慕课，提供线上或线下实操机会，不论通过何种形式，都能满足您想学就学的随心要求。慕课资源会提供预算模板（可通过PC端从线上慕课第三讲中自行下载），教会你如何玩转全面预算。本书还会深入浅出地讲解预算，让您在写写、画画、算算中，深入理解与牢固掌握预算的重要作用和编制过程。此外，本书以 MOOC 资源为基础，提供音频、视频二维码资源等数字化服务，配合您对本书内容的学习。不仅如此，随着 AI 时代的到来，本书的数字资源还加入了人机互动的学习平台，基于智能问答的功能，让您能玩转 AI 科技，从而更好地使用本书，包括疑问互动解答、提示词尝试、运营方案机器训练、教案输出等。欢迎您使用以上资源，可以说，您的时时关注是我们持续建设的动力来源。

沙盘是财经类高等学校的一门必修课程，既能将理论与实务相融合，实施趣味教学，也能锻炼学生的高阶思维能力。作者深耕沙盘教学近 20 年，从物理沙盘到电子沙盘，从学科竞赛到企业培训，从课堂内教学到课堂外社团组织的培训会，对企业模拟经营有着丰富的教学与应用经验。2015 年，中国的慕课元年，作者将讲授沙盘课多年的经验沉淀，结合在线技术，将有关资源制作为各种趣味性视频、图片、文本、工具等，搬上中国大学慕课平台①，以小规模限制性在线课程（Small Private Online Course，SPOC）形式运行两个学期后，将内容升级迭代，转换成大规模在线开放课程（Massive Open Online Course，MOOC）——"ERP 模拟经营沙盘"，迄今已连续开课 16 期，累计近 10 万人次选课，近 10% 的人获得了课程证书。该课程入选教育部评选的 2018 年国家精品在线开放课程（编号 633），又于 2020 年获评国家级线上一流和线上线下混合式一流课程（编号 782）。

本书由邹燕主编，贾晓莉、陈自洪任副主编。各章撰写的具体分工如下：第一章、六章由蔡东平执笔，第二章、七章由赵一凡执笔，第三章由王业亿执笔，第四章由李晓琳执笔，第五章由乐舒晴执笔。邹燕负责全书的逻辑框架设计、内容修改与审核。贾晓莉对本书的 AI 智能应用进行了机器训练，并提供了应用素材。同时，本书在编写过程中，得到了新道科技股份有限公司四川分公司侯爱华女士以及高等教育出版社编辑团队的大力支持和帮助，本书关联的在线开放资源在中国大学 MOOC 平台上顺利运行，在此一并表示衷心的感谢！

不谋万世者，不足谋一时；不谋全局者，不足谋一域。沙盘点兵，等您来战！

邹　燕

2021 年 9 月

2024 年 5 月修改

---

① 本课程每年开课 2 次，免费注册会员，关注课程名称报名，参加课程可获取各类资源。

目　录

导入篇：理论与概述

实操篇：企业经营，现金为王

拓展篇：预算走盘与综合解析

番外篇：学好、做好和玩好

导入篇：理论与概述

第一章　引言

咖啡易调，订单难做

　　以一杯香醇可口的咖啡开启新的一天，不失为当代年轻人喜欢的一种生活习惯。而一杯高质量咖啡的制成需要经过原材料咖啡豆的人工采摘，再经过机器烘焙成为熟豆，最终由咖啡师调制成为各具风味的咖啡。可以看出，想要调制这一杯美味咖啡，需要原材料、设备和人工的高度配合，经过各环节的无缝衔接，最终形成具有竞争力的这一产品。咖啡价值链流程如图1-1所示。

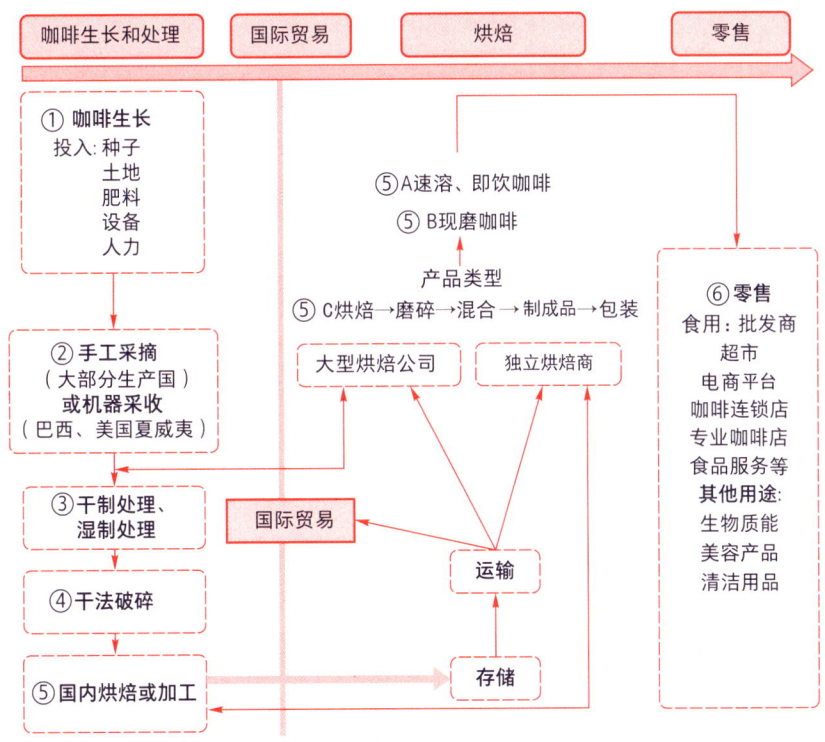

图 1-1　咖啡价值链流程

结合中国的咖啡市场现状，可以发现，中国的咖啡消费类型分为速溶、即饮和现磨三种。从中国的咖啡发展历史来看，最初是雀巢代表的国外速溶咖啡进入中国，打开了中国咖啡消费的大门。此后，1999年星巴克（星巴克咖啡公司）进入中国，以标准化生产与品控的模式推动咖啡馆的规模经济发展，培育着当时近乎空白的中国咖啡消费市场。当下，星巴克代表的现磨咖啡消费和咖啡社交文化，在消费升级的背景下受到更多中国消费者的青睐。中国目前主要的咖啡消费品牌及消费场景见图1-2。

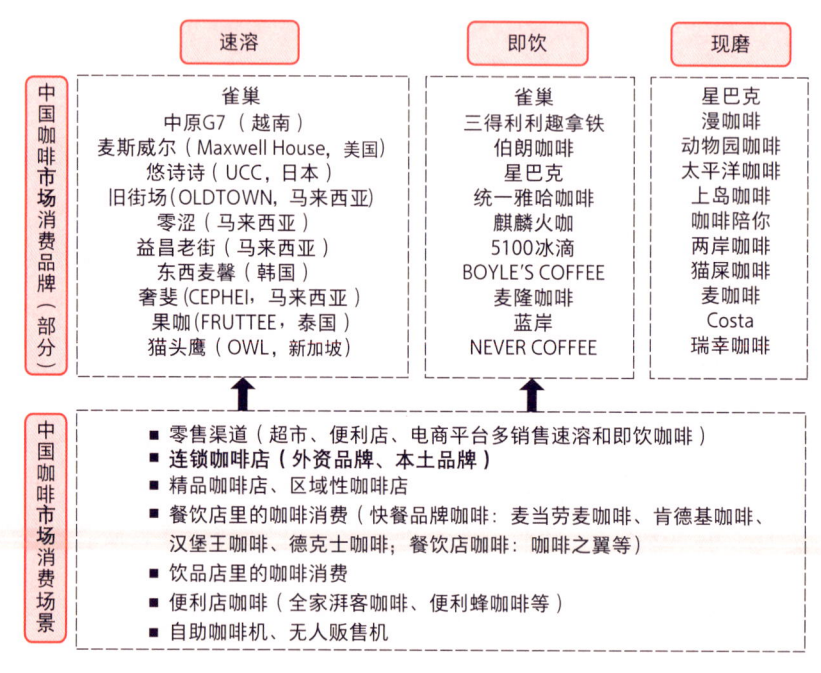

图1-2　中国目前主要的咖啡消费品牌及消费场景

从成本结构来看，一杯咖啡的成本分为原材料成本、人工成本、设备成本、厂房成本及运营成本。以星巴克为例，一杯售价为25元的中杯美式咖啡，需要的物料成本为20克咖啡豆、牛奶和一次性纸杯。按照目前市场较高品质的熟咖啡豆价格100元/千克，可知20克咖啡豆价格2元，再加上牛奶2元，一次性纸杯0.6元，计算可知一杯咖啡的物料成本为4.6元。结合星巴克公布的财报，人工成本约占销售额的5.5%，计算为1.38元，设备及厂房等固定成本为9.58元，而运营成本为2.35元，因而总成本为17.91元。可以发现即使像星巴克这类龙头企业的成本费用占比也高达71.6%，而这还是在企业存在销售订单的前提下，若没有订单，则企业将难以承担所面临的高额运营成本。

综上可以看出，想要做出一杯适合中国消费者的咖啡并不容易，从原材料的采购、生产到销售都是非常复杂的过程。企业的运营要靠质量赢得销量，十分不易。咖啡竞争者们为了推广市场，纷纷低价竞争。

那么企业怎样才能通过品质赢得客户，在运营中竞得订单，在市场上乘风破浪？企业运营就像船在海中航行，撑帆的小船一旦驶出港口，就要在大海中拼搏。只有成功，才能驶向胜利的彼岸，不断做大变强。因此，出海前，小船一定要做好万全的准备和计划，以备不时之需。准备的开始，源于对理论的认知与理解。接下来，本书将阐述模拟运营沙盘中运用到的相关财务类知识，帮助企业扬帆启航。

第一节 企业经营前奏：预算

一、预算概述

Zimmerman[1] 提出，预算是一项可以对公司的各种活动进行协调的决策制定工具，同时也是对其实施控制的一项工具。该观点点明了预算的两个基本功能：决策与控制。

预算的决策功能体现在预算是企业计划体系的组成部分，要对企业将来可能发生的一切经营活动进行预估、预测，并且提供定量的标准。企业经营者利用预算所得数据进行分析，从而做出一系列的经营决策。如果没有预算体系的协助，决策将如空中楼阁，摇摇欲坠。决策者只能根据经营经验或主观判断进行决策，这将给企业经营带来毁灭性打击。

预算的控制功能体现在预算是企业正式制度体系的组成部分，它对企业决策权的划分做出了规定，并进行相应的行为控制。预算的执行是决策权力的分级处理，是过程的考核和监督执行。如果只是做了预算而不加以监督和控制，预算就变成了纸上谈兵，变成了可有可无的摆设。预算是方法，监督控制是目的。企业如果没有监管，将导致管理松散，对于企业的长期经营非常不利。

预算起源于 13 世纪初的英国，英国新兴资产阶级为了对政府支出进行控制，要求英国国王约翰签署《大宪章》，成功将预算管理引入政府管理。此后，企业结合自身实际情况逐步将政府预算管理的方法引进公司管理中，最终形成了全面预算和滚动预算两类常见的预算管理方法。

全面预算于 19 世纪末的美国企业中萌芽。杜邦化学公司率先在标准成本法的基础上，将预算从政府部门引进企业，并获得成功。随后全面预算被嫁接到美国通用公司，到

---

[1] Jerold L. Zimmerman. Accounting for Decision Making and Control [M]. 7th ed. New York: McGraw-Hill, 2010.

1925 年形成了"杜邦通用模式"，随后风靡世界，成为各国集团企业实现整合的蓝本。[①]

全面预算对于促进企业实现价值最大化具有重要作用，具体来看有四个方面：① 全面预算可以明确工作目标，将企业的战略目标逐级细化到各部门和各员工，从而促使企业实现战略目标；② 全面预算可以协调部门关系，让各部门互相了解其他部门的任务目标，从而协调工作安排，提升企业运营效率；③ 全面预算还可以控制日常活动，当企业出现实际情况与预算不一致时，及时分析原因，调整经营策略，以便更好地进行企业战略目标管理；④ 全面预算可以作为考核业绩的标准，更为具体地考察各部门和各员工是否达到相关目标，从而激发其积极性，最终促进企业的可持续增长。

全面预算管理发展至今，大体可以分为三个阶段：第一个阶段为 19 世纪末到 20 世纪 20 年代末的萌芽期，这个时期流行的主要方法为"杜邦通用模式"；第二个阶段为 20 世纪 30 年代到 80 年代中期的高速发展期，这一时期扩展出了很多的预算管理方法，主要有盈亏平衡点分析、弹性预算法、变动成本法、差额分析法、现金流量分析法、参与性预算和零基预算等；第三个阶段则是 20 世纪 90 年代至今的成熟阶段，这个阶段的企业预算管理重心转变为战略管理，主要通过"作业预算基础法"和"卡普兰的改良预算"等方式让企业预算为企业战略服务。

全面预算具体指通过对企业内外部环境的分析，在预测与决策基础上，调配相应的资源，对企业未来一定时期的经营和财务做出一系列具体计划，[②] 具体包括销售预算、生产预算、资本预算等，各项预算之间相互联系，关系复杂。具体来说，首先，企业需要结合自身的经营战略制定其长期销售预算，进一步将长期销售预算细分到当前的销售预算。销售量的确定决定了生产预算的生产目标、销售部门所需的销售费用以及相关的管理费用，生产部门再将这样的销售目标细化到材料、人工和制造费用的预算。其次，计算出所需资金，而各类活动的现金需求量则最终构成了企业的现金预算。图 1-3 以制造企业为例，勾画了全面预算体系各项预算间的关系。

滚动预算是指按照"近细远粗"的原则，根据上一期的预算完成情况，调整编制下一期预算，并将编制预算的时期逐期连续滚动向前推移，使预算总是保持一定的时间跨度。滚动预算的编制，可采用长计划、短安排的方式进行，即在编制预算时，可先按年度分季，并将其中第一季度按月划分，编制各月的详细预算，其他三个季度的预算可以粗一些，只列各季度总数。到第一季度结束前，再将第二季度的预算按月细分，第三、四季度及下年度第一季度只列各季度总数，依次类推，使预算不断地滚动下去，其具体的流程见图 1-4。

① 王志宇. 全面预算管理［M］. 天津：南开大学出版社，2017.
② 中国注册会计师协会. 财务成本管理［M］. 北京：中国财政经济出版社，2019.

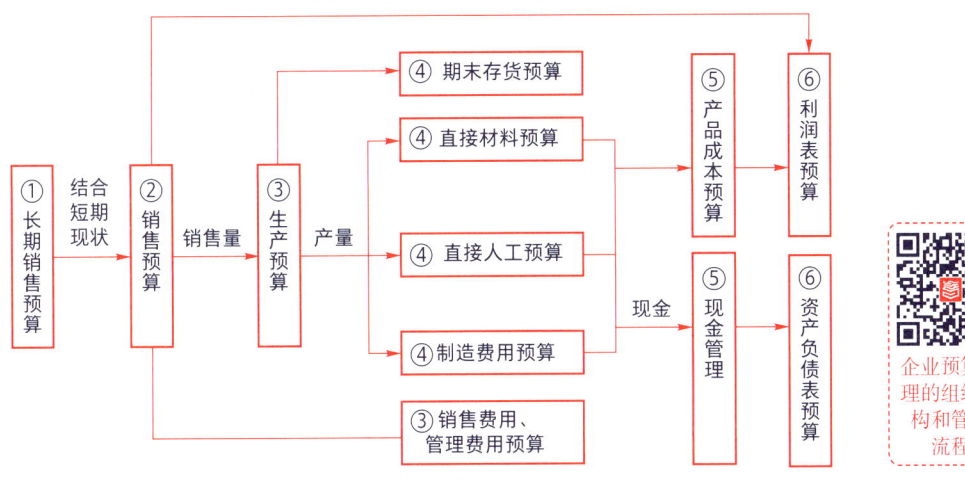

图 1-3 制造企业全面预算体系关系

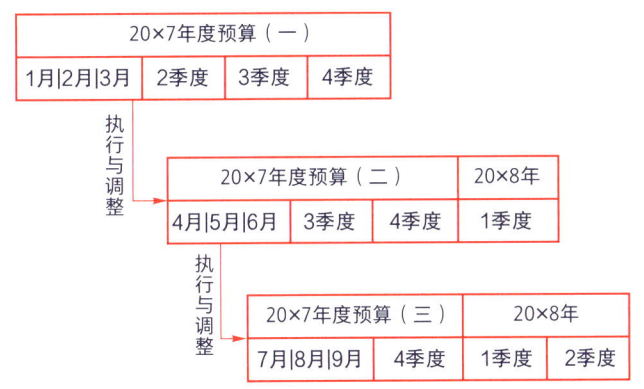

图 1-4 企业滚动预算编制流程

滚动预算维持在一个固定的周期内，周期的长度分为两大类型：一类是长期滚动预算，一般年限在 10 年以上；另一类是中短期滚动预算，年限一般在 1～10 年，实践中较为常见的滚动预算年限为 3～5 年。

从滚动预算的含义可以发现三方面的特征：一是永续性，滚动预算编制一直维持延续的状态，中期框架通常包括从预算年度到未来周期几个年度的预算内容；二是预估性，因为滚动预算必须包含几个预算年度，尽管能够设计未来的经济事项，然而精密度无法保证，只有在滚动中借助对后续年限的预算进行改进；三是将结果作为导向，达成预期是预算管理的目标，而中期滚动对结果十分重视，同时能够根据预算中的变化做出及时的调整，对资源进行重新分配，对绩效管理和预算控制而言具有很大的推进作用。

滚动预算能够保持预算的完整性、延续性，有助于企业从动态预算中把握企业的未来；同时滚动预算能够随时间的推进不断加以调整和修订，能使预算与实际情况更相适应，有助于充分发挥预算的指导和控制作用。同时需要意识到，滚动预算的编制由于需要长期保持一个完整的预算期，并不断进行调整，将导致滚动预算的工作量较大。

二、销售预算

在企业预算的制定中，销售预算是所有预算制定的依据，也是企业战略的具体落实点，因此是企业预算中最不可或缺的部分。只有销售预算完成之后，销售量才能得以确定，进而生产部门和采购部门可以据此进行相应预算的制定。同时，销售量的确定导致企业的营业资金流入额得以明确，这构成了企业资金预算的流入部分，而生产预算和采购预算的制定则大体决定了企业资金的流出，资金的流入和流出共同构成了企业的资金预算。在赊销的模式下，企业销售量的确定导致企业的应收账款金额得到大致确定，而应收账款的收款模式不同也会影响企业资金流入的具体时点。应收账款的收款模式，可以采用在规定时间内一次性收款，也可以采用分期收款，如在第一期收款40%，剩余款项在第二期内收回。实际中，具体的收款模式取决于企业与客户销售合同的谈判结果。

企业制定销售预算主要依据企业的销售模式，企业主要的销售模式有两种：以产定销和以销定产。

以产定销是指企业在编制销售计划时，先确定生产指标，然后再根据生产指标编制销售计划的营销模式。在以产定销的模式下，选单之前，生产总监将本年每个季度每种产品的数量告知销售总监，以便销售总监根据企业产能选单。

以销定产是指按照市场和订单需要来组织企业的生产，在企业拿到订单后，再组织各类资源配合相应的生产。以销定产是一种以市场为中心的营销模式，会不断根据市场行情来调整生产计划，与市场联系更紧密。

两种销售模式在我国都有其盛行的时间，在我国还未实行改革开放之前，由于社会生产力较为低下，社会实行计划经济，企业每年先根据产能确定生产计划再进行销售，即实行的是以产定销的销售模式。随着改革开放的推行，社会生产力逐渐提升，市场逐渐由卖方市场转变为买方市场，此时已经不能保证企业生产出产品，就一定能销售出去，销售量还取决于产品的性价比等各方面因素，市场逐渐转变为以消费者为中心，原本的以产定销模式逐渐被以销定产模式所替代。而如今，各类奢侈品也逐渐实行高级定制等模式——由于企业的产能有限，需要消费者提前预订，这又演变为一种新时代背景下的以产定销模式。可以发现，以产定销和以销定产两种模式会呈现相互替代的规律，决定销售模式的主要原因在于企业的产品是否具有强有力的吸引力和竞争力。

随着科技的发展，大数据时代随之到来，麦肯锡全球研究院将"大数据"定义为"无法在一定时间内使用传统数据库软件对其内容进行获取、管理和处理的数据集合"。

它具有四个主要特征，分别是海量的数据规模、多样的数据类型、快速的数据流转和动态的数据体系、巨大的数据价值。

在大数据时代，如何做好大数据时代下的营销又成为人们关注的重点。大数据营销是指搜集、分析、执行从大数据所获得的洞察结果，并以此鼓励客户参与、优化营销效果和评估内部责任。与传统营销相比，大数据营销具有四个方面的特征，分别是全样本营销调查、多元化营销对象、扩大的营销主体和精准化营销效果。

以别克与阿里巴巴的大数据精准营销为例，2015 年 3 月 2 日别克旗下全新英朗汽车上市，这是一款诉求为"懂你"的车，营销目的是希望通过对老用户的浏览行为和购买决策的数据分析，推演到新客户群用户特征，迅速找到新客户，进而对用户实行精准的营销触达，提高广告点击率和订单下单率。别克通过对阿里巴巴后台数据库中往期购买用户的数据分析，确定购买用户的标签属性（比如年龄在 25～35 岁，女性为主，60 天内了解过别克的用户），基于这些标签属性的数据，与阿里巴巴后台的用户数据进行匹配，抽取出高度匹配的数据进行精准营销。最终达到了广告投放点击打开率提升 136%的营销效果，在节约预算的情况下，下定金的客户有 80.3% 来源于通过这些标签维度筛选出来的客户，超额实现了别克本次营销的目标。

可以发现，科技的发展确实能够给企业带来商机，而大数据给企业带来的商机更多的是可以更加准确地得到目标客户，企业根据这种数据分析结果结合自身情况来制订销售计划，并匹配与自身相适应的生产计划。大数据时代下的营销也是以销定产与时俱进的产物。

三、生产预算

在以销定产模式下，企业的销售预算形成后，需要进一步进行生产预算。生产预算是指按产品分别编制的、安排企业在预算期内的产品生产活动、确定产品生产数量及其分布状况的预算[①]。生产预算主要涉及企业的产品、采购、人力和产能等方面，需要统一规划各方面的资源，进而进行预算安排。想要做好生产预算，需要明确与生产相关的专业名词的具体含义。

（一）产品

产品狭义的定义是被生产出来的物品，广义的定义是可以满足人们需求的载体。整体来说，产品是作为商品提供给市场、被人们使用和消费，并能满足人们某种需求的任何东西，包括有形的物品和无形的服务、组织、观念或它们的组合。

---

① 于玉林. 会计大百科辞典［M］. 上海：上海财经大学出版社，2009.

20世纪90年代以来，科特勒等学者倾向于使用五个层次来表述产品整体概念，认为产品五个层次的表述方式能够更深刻、更准确地表述产品整体概念的含义[①]。产品整体概念要求营销人员在规划市场供应链时，要考虑能够提供客户价值的五个层次。产品整体概念的五个层次分别是：

1. 核心产品

核心产品是指向顾客提供的产品的基本效用或利益。从根本上说，每一种产品的实质都是为解决问题而提供的服务。因此，营销人员向顾客销售的任何产品，都必须具有反映顾客核心需求的基本效用或利益。

2. 形式产品

形式产品是指核心产品借以实现的形式，有五个特征构成，即品质、样式、特征、商标及包装。即使是纯粹的服务，也具有类似的形式上的特点。

3. 期望产品

期望产品是指购买者在购买产品时，期望得到的与产品密切相关的一整套属性和条件。

4. 延伸产品

延伸产品是指顾客购买形式产品和期望产品时附带获得的各种利益的综合，包括产品说明书、保证、送货、安装、维修、技术培训等。国内外很多企业的成功，在一定程度上应归功于它们更好地意识到服务在产品整体概念中所占的重要地位。

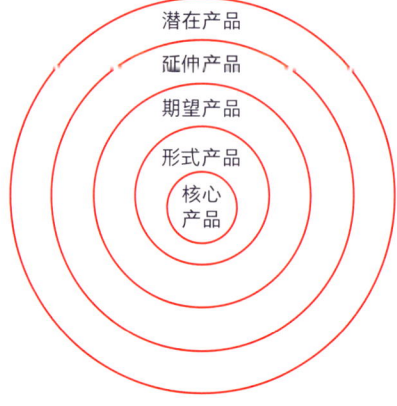

5. 潜在产品

潜在产品是指现有产品包括所有附加产品在内的，可能发展成为未来最终产品的潜在状态的产品。潜在产品指出了现有产品可能的演变趋势和前景。

产品五个层次之间的具体关系如图1-5所示。

图1-5 产品五个层次的具体关系

（二）采购

采购是指企业在一定的条件下从供应市场获取产品或服务作为企业资源，以保证企业生产及经营活动正常开展的一项经营活动。在整个采购活动过程中，一方面，通过采购获取了资源，保证了企业正常生产的顺利进行，这是采购的经济效益；另一方面，在采购过程中也会发生各种费用，这就是采购成本。我们要追求采购经济效益的最大化，

---

① 吴健安，聂元昆. 市场营销学［M］. 8版. 北京：高等教育出版社，2024.

就是要不断降低采购成本，以最小的成本去获取最大的效益。为此，我们需要了解供应链管理。

供应链管理（Supply Chain Management，SCM）是指在满足一定的客户服务水平的条件下，为了使整个供应链系统成本达到最小而把供应商、制造商、仓库、配送中心和渠道商等有效地组织在一起进行产品制造、转运及销售的管理方法[1]。供应链管理包括计划、采购、制造、配送、退货五大基本内容。

计划：这是供应链管理的策略性部分。企业需要有一个策略来管理所有的资源，以满足客户对产品的需求。好的计划是建立一系列的方法管理供应链，使它能够有效、低成本地为顾客递送高质量和高价值的产品或服务。

采购：选择能为企业的产品和服务提供货品和服务的供应商，和供应商建立一套定价、配送和付款流程并创造方法监控和改善管理，并把对供应商提供的产品和服务的管理流程结合起来，包括提货、核实货单、转送货物到制造部门并批准对供应商的付款等。

制造：安排生产、测试、打包和准备送货所需的活动，是供应链中测量内容最多的部分，包括质量水平、产品产量和工人的生产效率等的测量。

配送：也被称为"物流"，包括调整用户的订单收据、建立仓库网络、派递送人员提货并送货到顾客手中、建立货品计价系统、接收付款。

退货：这是供应链中的问题处理部分，包括建立网络接收客户退回的次品和多余产品，并在客户使用产品出现问题时提供支持。

（三）人力资源

人力资源是指一定时期内组织中的人拥有的能够被企业所用，且对价值创造起贡献作用的教育、能力、技能、经验、体力等的总称。其狭义上是指企事业单位独立的经营团体所需人员具备的能力（资源）。

（四）产能

产能是指在计划期内，企业参与生产的全部固定资产，在既定的组织技术条件下，所能生产的产品数量，或者能够处理的原材料数量。生产能力是反映企业所拥有的加工能力的一个技术参数，它也可以反映企业的生产规模。

四、资金预算

在这里，资金预算是指企业如何根据拟投资的项目进行相应资金筹集的融资计划，

---

[1] 杨宁. 为何要实施供应链管理？[J]. 科学大观园，2015（14）：75-76.

进而形成有关资金筹集和投资的一个整体预算。关于如何制定资金预算，有两种思路：一种是先确定投资项目，再根据投资项目所需的资金数额安排相匹配的融资计划；另一种是在确定好融资计划后，根据企业最终能够支配的资金来选择匹配的投资项目进行开发。两种思路各有其优缺点和适用情形。对于前一种思路，主要适合于资金实力雄厚和筹资能力强大的企业，这类企业可以不受限于投入资金的数额，而专注于投资收益率更高的项目，从而实现企业自身利益的最大化。而对于后一种思路，即先确定资金规模，再选择项目资金预算方式，更加适合于缺乏资金实力，且筹资能力有限的企业，故而企业在进行项目选择时，需要尽量选择与自身资金实力相匹配的项目，以确保项目后期能够顺利进行，不会因为资金缺乏而出现项目流产等现象。

在具体确定投资计划和筹资计划时，不论选择以上哪种方式，都需要把握一个核心原则，即资金来源与资金用途相适应，进而形成企业自身的资金预算。具体是指，倘若是为长期项目进行资金筹集，应匹配长期资金，如通过股权投资、长期借款、永续债券等期限较长的筹资方式来进行资金筹集，避免出现投资期限与筹资期限不匹配，进而导致企业还债压力较大或者企业资金成本较高等现象。当企业筹集短期资金进行长期项目的投资时，如借入短期借款来购置厂房，会面临投入厂房的资金产生回报慢，难以快速回笼，偿还短期借款资金的压力较大等问题，极度容易出现现金流断裂进而导致破产等现象。而当企业筹集长期资金投资短期项目时，则会出现资金成本较高，财务费用较大，压缩利润空间的不利现象。

预算流程案例

在形成企业完整的资金预算时，除了考虑大型的投资项目，例如厂房、生产线和研发等外，企业还需要将日常运营所需资金纳入预算体系，如产品采购、生产和销售等，综合考虑企业所需运用资金的所有方面，形成企业最终的资金预算，让其更好地在商海中乘风破浪，披荆斩棘。

第二节　企业经营基石：财务

企业的预算需要各个部门通力合作来完成，财务是联结他们的纽带。想要更好地进行企业运营，财务知识不能少，会计处理是关键。本节首先，从导向的角度，介绍会计的基本假设与原则，便于大家从财务的角度，理解为什么运营，做什么运营和怎么进行运营的问题。其次，从管理的角度，按照现金管理和投融资决策两大板块，梳理企业财务运营的两个抓手。最后，从会计信息披露与质量的角度，介绍会计的目标，最终为信息使用者提供决策有用的相关信息。

一、会计基本假设

企业财务作为联结各部门预算等工作的纽带，是企业运营管理的重要组成部分。企业财务管理的目标大体分为三类：利润最大化、每股收益最大化和股东财富最大化。每一种目标都有其自身的优点和缺点，其中股东财富最大化是现代企业管理普遍所采纳的一种观点。想要实现企业的财务管理目标，前提是拥有一套科学的方法对企业的经营活动进行记录、计量，进而才能对经营活动进行分析和评价，故人们提出会计基本假设来确立会计核算的范围，方便人们进行具体的会计核算。

会计基本假设是企业会计确认、计量和报告的前提，是对会计核算所处时间、空间环境等所做的合理设定。会计基本假设包括会计主体、持续经营、会计分期和货币计量。

（一）会计主体

会计主体是指企业会计确认、计量和报告的空间范围。为了向报告使用者反映企业财务状况、经营成果和现金流量，提供对其决策有用的信息，会计核算和财务报告的编制应当集中于反映特定对象的活动，并将其与其他经济主体区分开，才能实现财务报告的目标。

（二）持续经营

持续经营是指在可以预见的将来，企业将会按当前的规模和状态继续经营下去，不会停业，也不会大规模消减业务。在持续经营的前提下，会计确认、计量和报告应当以企业持续、正常的生产经营活动为前提。

（三）会计分期

会计分期是指将一家企业持续经营的生产经营活动划分为一个个连续的、间隔相同的期间。会计分期的目的，在于通过会计期间的划分，据以结算盈亏，按期编制财务报告，从而及时向财务报告使用者提供有关企业财务状况、经营成果和现金流量的信息。

（四）货币计量

货币计量是指会计主体在财务会计确认、计量和报告时以货币计量，反映会计主体的生产经营活动。

综上可以发现，会计基本假设对会计核算的空间范围和时间范围进行了初步的假设，这也训练了会计人员要分年度和分主体对各类经济活动进行记录的思维，进而影响到管理者要分期和分主体来制定不同的运营策略，使企业在持续竞争中实现股东财富最大化的财务目标。

每家企业的会计工作都需要在四大会计假设下进行。以一家销售 3 种产品的 A 公司为例，若其不遵循会计主体假设，则它进行会计处理的范围要么过大，可能是市场中各家同行业企业的会计工作总和；要么过小，可能仅包括 A 公司的一种产品，从而导致记录范围不全面，不能综合反映企业真实的运营活动。另外，若 A 公司不遵循会计分期工作，则公司的利益相关者只有在公司破产清算之后才能了解公司的运营情况；当企业在运营期间时，没有分期汇总经营情况，也不利于利益相关者做出投资决策，最终导致企业无法吸引到投资者。持续经营假设和货币计量假设则为具体会计方法提供了前提，使得会计工作在具体开展时得以落实。综上，可以发现任何一家企业的会计工作都是在会计基本假设下开展的，这样才能合理地保证会计工作最终为企业战略目标服务。

二、会计要素

会计要素是指对会计对象进行的基本分类，它是会计对象具体的、基本的构成要素。将会计对象划分为各个会计要素，不仅有利于根据各个要素的性质和特点分别制定对其进行确认、计量、记录和报告的方法，而且可以为合理建立账户体系和设计财务报表提供理论依据。我国《企业会计准则——基本准则》将会计要素划分为资产、负债、所有者权益、收入、费用和利润六个。

（一）资产

资产是指企业过去的交易或者事项形成的、由企业拥有或控制的、预期会给企业带来经济利益的资源。资产是企业从事生产经营活动的物质基础，并以各种具体形态分布或占用在生产经营过程的不同方面。资产反映了企业资金的不同占用形式，即资产的去处。

（二）负债

负债是指企业过去的交易或者事项形成的、预期会导致经济利益流出企业的现时义务。负债是企业资金的重要来源之一。

（三）所有者权益

所有者权益是指企业资产扣除负债后由所有者享有的剩余权益。所有者权益中的实收资本是企业资金的主要来源。

（四）收入

收入是指企业在日常活动中形成的、会导致所有者权益增加的、与所有者投入资本无关的经济利益的总流入，包括主营业务收入和其他业务收入。

（五）费用

费用是指企业在日常活动发生的、会导致所有者权益减少的、与向所有者分配利润无关的经济利益的总流出。

（六）利润

利润是指企业在一定会计期间的经营成果，是衡量企业经营业绩的重要指标。利润包括收入减去费用后的净额和直接计入当期利润的利得和损失等。

从收入、费用和利润的定义可以看出，三者之间存在的关系如公式 1-1。这一等式表明了某一会计主体在一定期间内的经营成果和该期间内收入和费用的关系，是编制利润表的基础。

$$利润 = 收入 - 费用 \qquad （公式 1-1）$$

从资产、负债和所有者权益的定义可以推出三者之间的内在平衡关系，见公式 1-2。这一会计等式表明了会计主体在某一特定时间所拥有的全部资源，资产是全部资源在现实中的表现形式，负债和所有者权益反映了企业资源的来源途径，也是债权人和投资者对企业资产要求权分布。这一等式也是会计核算和编制企业资产负债表的基础。

$$资产 = 负债 + 所有者权益 \qquad （公式 1-2）$$

三、现金管理

现金管理是指对企业现金进行管理的相关活动。现金作为企业流动性最强的资产，被人们比作是企业的"血液"，对企业的生存至关重要。一般来说，流动性强的资产，其收益性较低，这意味着企业应尽可能少地置存现金，即使不将其投入本企业的经营周转，也应尽可能多地投资高收益的其他资产，避免资金闲置的损失。同时，现金不足则会导致企业的日常生产经营出现问题，于是企业可能面临现金不足和现金过量两方面的威胁。企业最佳现金持有量的确定可如图 1-6 所示。其中 H 为企业现金持有量上限，L 为企业现金持有量下限，R 为现金返回线，A 点与 B 点分别为企业现金持有的最高额与最低额。企业应尽量将现金持有量控制在上下限之间，倘若超过此区间，则应采取措施进行筹资或投资，使现金持有量回归至现金返回线。

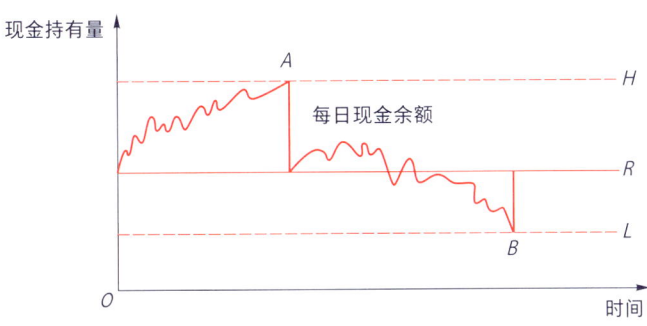

图 1-6　企业最佳现金持有量管理模型

无论是现金不足还是现金过量，都会影响企业的可持续发展。如果不能对企业的现金进行有效管理，充分提高现金的使用效率，企业的持续经营必然会受到影响，严重时甚至会导致企业走上破产的命运。故而现金管理的目标就是要在资产的流动性和盈利能力之间做出抉择，以获取最大的长期利润。

（一）现金管理目标

企业现金管理的目标主要包括满足交易性需要、预防性需要和投机性需要。

交易性需要是指置存现金以用于日常业务的支付。企业经常得到收入，也经常发生支出，两者不可能同步同量。收入多于支出，形成现金置存；收入少于支出，需要借入现金。企业必须维持适当的现金余额，才能使业务正常进行下去。

预防性需要是指置存现金以防发生意外支付。企业有时会出现意想不到的开支，现金流量的不确定性越大，预防性现金的数额也就应越大；反之，企业现金流量的可预测性强，预防性现金数额则可小些。此外，预防性现金数额还与企业的借款能力有关，如果企业能够很容易地随时借到短期资金，也可以减小预防性现金的数额；若非如此，则应扩大预防性现金数额。

投机性需要是指置存现金用于不寻常的购买机会，例如遇到廉价原材料或其他资产的供应机会，便可用手头现金大量购入。一般来讲，企业专为投机性需要而特殊置存现金不多，遇到不寻常的购买机会也常设法临时筹集资金。

（二）现金管理模式

有关现金管理的模式主要分为两大类，分别是企业收支两条线模式和集团企业资金集中管理模式。其中企业收支两条线模式是指收入的现金和银行收入账户的现金不能直接用于支出，由于收支是两条线，所有的支出都只能通过支出账户来进行。这种模式对企业全部范围内的现金集中统一进行管理，从而减少现金持有的管理成本，加速资金的周转速度，确保资金高效使用；同时可以通过有效的价值化管理来提高未来的企业效益。

集团企业资金集中管理模式是指集团企业借助商业银行网上银行功能及其他信息技术手段，将分散在下属企业的资金全部集中到企业总部，由企业总部集中进行统一调度、管理和运用，这也符合集权管理的模式。集团企业资金集中管理一般包括以下主要内容：资金归集、内部支付结算、融资管理、外汇集中管理、统一支付管理等。其中资金归集是基础。集团企业资金集中管理的模式大致可以分为统收统支模式、拨付备用金模式、结算中心模式、内部银行模式、财务公司模式。这些模式可以统筹提升整个集团资金的周转效率，实现资金的高速运转。

（三）现金管理方法

现金管理的方法主要有三种，分别是制度管理、预算管理和收支管理。

制度管理分为国家关于现金管理的制度和企业内部自身建立的现金管理制度。制度管理是现金管理的重要组成部分，企业实行切实科学且符合实际的规章制度是企业健康发展的前提。

预算管理以现金预算作为企业管理现金活动的标准，主要包括现金收入管理、现金支出管理、现金余额管理等内容。利用预算管理能够提高企业的整体管理水平。企业在战略目标的指导下，对未来的经营活动和相应财务结果进行充分、全面的预测和筹划，并通过对执行过程的监控，将实际完成情况与预算目标不断对照和分析，从而及时指导经营活动的改善和调整，以帮助管理者更加有效地管理企业和最大程限度地实现战略目标。

收支管理主要包括加速收款和控制现金支出。加速收款是采取一些技术手段尽量使现金回收的时间缩短。控制现金支出是在不影响企业信誉的情况下，尽可能推迟款项的支付，利用好银行存款的浮游量。收支管理是企业现金管理方法的基础，收支管理一般还体现在企业现金收支表上。企业收支管理制度的完善程度，往往能决定一家企业的发展程度。

综上所述，企业的现金管理对于企业的持续健康发展具有极其重要的作用，而想要做好现金管理可以从制度、预算和收支管理这三个方面入手，从而实现企业现金的高速运转，为企业战略的实现服务。

四、投融资决策

投融资决策是企业利用财务管理构建自身核心竞争力的重要途径。投资决策决定了企业的经济利益流入，融资决策则决定了企业资金的成本，只有在扩大企业经济利益流入的同时控制好企业的资金成本，即同时做好投融资决策的配比，才能实现企业自身利益的最大化。企业具体投资决策分析可从现金流量折现法入手，流程如图1-7所示。

商业需求决策

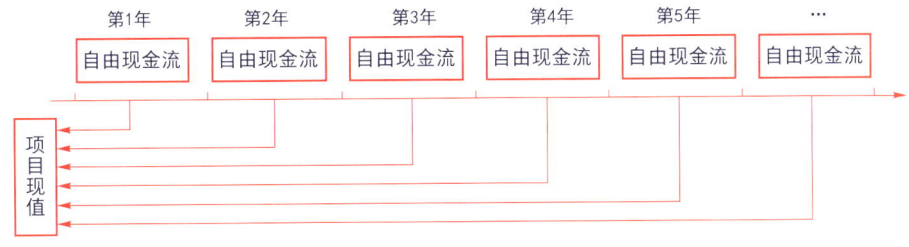

图1-7 现金流量折现法流程图

具体来说，投资决策是指投资主体在调查、分析、论证的基础上，对投资活动所做出的最后决断。投资决策按层次不同可分为宏观投资决策和微观投资决策，一般企业进行的项目投资决策属于后者。

项目投资理论的发展，大致经历了三个阶段[①]：

第一个阶段是 20 世纪 50 年代以前，以古典经济学派为代表的微观效益分析期，此时项目投资理论主要是对项目实行财务评估研究：分析项目在财务上的获利能力和偿债能力，寻求投资项目可带来的最大企业利润。在盈利能力分析上，从最初使用回收期和简单投资利润率等静态分析指标作为项目取舍的依据，发展到采用财务净现值和内部收益率等动态分析指标作为项目投资取舍的判断依据。

第二个阶段是 20 世纪 50 年代至 70 年代，即以凯恩斯经济理论为代表的福利经济学的宏观效益分析时期。由于项目投资的评估理论是以宏观经济效益和社会效益为主，单纯采用企业盈利性分析不能反映投资项目真实的社会效益，于是形成了一种为社会评估公共项目所需的社会效益分析方法（Social Cost-Benefit Analysis，SCBA）。此理论在收益和支出的计算方面充分考虑了企业利益与社会利益不一致的情况。

第三个阶段是 20 世纪 70 年代以后，以现代管理学、系统论及可持续发展理论为基础的多目标效益分析时期。在财务评估和经济评估的基础上，项目投资的环境评估、社会评估等理论方法逐步形成并得到发展。

综上所述，项目投资理论是在经济理论、现代管理理论和可持续发展理论的基础上，通过追求利润最大化，开展项目策划、项目建设、项目运营、项目调查等多种业务活动，建立起以净现值（Net Present Value，NPV）为中心，其他工具为辅助的项目投资管理理论体系。

项目投资的对象是进行项目决策时估计现金流的对象，其决定了现金流的规模和回收特点。企业一般项目决策的对象涉及企业的产能扩张或生产设备的更新换代、企业产品研发、企业固定资产的购置决策，如厂房选择购买还是租赁等。不同的对象导致其资金投入和资金回流的时间跨度和资金规模不同，需要结合具体对象进行个别分析，针对各项目特点和数据可获得性采取不同的项目决策方法。

一般而言，企业进行项目决策投资的方法主要有净现值法、内含报酬率法、回收期法和会计报酬率法等。而进行投资项目的评价基本步骤是：① 提出各种项目的投资方案；② 估计投资方案的相关现金流量；③ 计算投资方案的价值指标，如净现值、内含报酬率等；④ 比较价值指标与可接受标准；⑤ 对已接受的方案进行敏感分析，进而最

---

① 刘尔思. 项目投融资理论与创新［M］. 昆明：云南科技出版社，2010.

终选出最有利于企业的投资项目。

融资决策是指为企业并购筹集所需要的大量资金，制订出最佳的融资方案。融资理论是设计融资方案的基础，是进行融资决策的依据。主要有四种融资理论，详见二维码资料。

四种融资理论

五、会计信息披露与质量

（一）会计信息披露

会计信息披露是指企业将直接或间接影响使用者决策的重要会计信息以公开报告的形式提供给使用者。这意味着会计信息披露分为两个阶段：报表填列和披露阶段。

在报表填列阶段，由于会计信息反映企业的财务状况、经营成果、现金流量及受托管理责任的履行情况，其对应的载体则是资产负债表、利润表、现金流量表以及附注等信息，故而在实践中，会计准则要求各企业填制的报表也是资产负债表、利润表和现金流量表。报表填制可以将会计知识运用到企业中进行实际操作，是对企业经营成果的检阅。同时报表的填制也是实现会计目的的过程，即向各类报告使用者提供据以进行经济决策的信息。同时，在报表填列阶段，应充分关注各报表之间的勾稽关系，以确保报表填列的真实准确。具体的勾稽关系有，在不涉及新增股东注资和股利分红时，利润表的净利润等于资产负债表中所有者权益年末金额减去年初金额的差值。其中，净利润代表了企业在一段时间内的经营成果，而所有者权益的年末和年初差额则表示企业剩余权益在一段时间内的变化，该变化是由企业的经营成果引起的，故它与净利润应该相等。在填制报表时，应充分关注这类勾稽关系，以确保信息的真实准确。

在报表披露阶段，信息披露质量的关键在于披露是否真实可靠以及披露是否充分及时，只有真实可靠并及时充分地进行信息披露，才能对投资者在做出投资决策时起到指示作用。财务信息的披露不仅对投资者具有指示作用，对于同行业的其他经营者也能起到了解行情以及对标公司发展状况的作用，从而有利于各企业充分了解行业发展状况，进而制定符合企业实际的经营策略，充分激发市场活力。

财务报告列表披露准则

（二）会计信息质量

会计原则对财务会计核算的基本质量要求做出了规定，是对财务会计核算基本规律的高度概括和总结，其主要包括可靠性、相关性、可理解性、可比性、实质重于形式、重要性、谨慎性和及时性等。

1. 可靠性

可靠性要求企业应当以实际发生的交易或事项为依据进行确认、计量和报告，如实反映符合确认和计量要求的各项会计要素和其他相关信息，保证会计信息真实可靠、内容完整。

结合沙盘的实际运营，对于企业运营当中的各类活动应当完整记录，以满足可靠性的要求，特别是对于企业可能存在的由于出售生产线而带来的损失也属于企业经营活动，应纳入会计记录范围。

2. 相关性

相关性要求企业提供的会计信息应当与投资者等财务报告使用者的经济决策需要相关，有助于投资者等财务报告使用者对企业过去、现在或者未来的情况做出评价或者预测。

在沙盘模拟中，最终提供的财务信息应当与投资者做出评价与决策相关，主要包含综合费用表、利润表和资产负债表，以便于利益相关者进行与自身投资相关的决策。

3. 可理解性

可理解性要求企业提供的会计信息应当清晰明了，便于投资者等财务报告使用者理解和使用。故而在沙盘模拟中，采用表格的形式对企业的各类经营数据进行汇总报告，可提升财务信息的可理解性。

4. 可比性

可比性包含两层含义，分别是同一企业不同时期可比与不同企业相同会计期间可比。

（1）同一企业不同时期可比。为了便于投资者等财务报告使用者了解企业财务状况、经营成果和现金流量的变化趋势，比较企业在不同时期的财务报告信息，全面、客观地评价过去、预测未来，进而做出决策，会计信息应当可比。可比性要求同一企业不同时期发生的相同或相似的交易或事项，应当采用一致的会计政策，不得随意变更。但是，倘若按照规定或在会计政策变更后可以提供更可靠、更相关的会计信息，可以变更会计政策。

（2）不同企业相同会计期间可比。为了便于投资者等财务报告使用者评价不同企业的财务状况、经营成果和现金流量及其变动情况，可比性要求不同企业同一会计期间发生的相同或相似的交易或事项，应当采用相同或相似的会计政策，确保会计信息口径一致、相互可比，以使不同企业按照一致的确认、计量和报告要求提供有关会计信息。

故而在沙盘运营中，为保持财务信息的可比性，遵循会计政策的一致性，确保会计信息在时间上的可比性，同时要求所有运营企业采用相同的会计政策，进而确保会计信息在不同企业的相同会计期间可比。

5. 实质重于形式

实质重于形式要求企业应当按照交易或事项的经济实质进行会计确认、计量和报告，而不仅以交易或事项的法律形式为依据。

6. 重要性

重要性要求企业提供的会计信息应当反映与企业财务状况、经营成果和现金流量有关的所有重要交易或者事项。如果会计信息的省略或错报会影响投资者等财务报告使用者的决策判断，该信息则具有重要性。重要性的应用依赖职业判断，应结合企业环境和实际情况，从项目性质和金额大小两方面加以判断。

对应到沙盘运营中，需要关注最能影响企业投资决策的财务信息，具体来说主要有收入、成本和利润。一般来说，收入来源于订单，订单受限于产能，相关决策不仅在于广告费投入，还需考虑厂房和生产线的布局情况。在成本方面，除了产品的直接材料和人工，最需要关注的是企业的综合费用，其中销售费用、财务费用和损失是变化差距较大的两个科目，对于投资决策的影响较大，需要特别关注。而管理费用等日常性行政费用，系统规定为单一固定数据，是非决策相关信息，不用特别关注。

7. 谨慎性

谨慎性要求企业对交易或事项进行会计确认、计量和报告应当保持应有的谨慎，不应高估资产或者收益，低估负债或者费用。

8. 及时性

及时性要求企业对于已经发生的交易或事项，应当及时进行确认、计量和报告，不得提前或者延后。在会计确认、计量和报告过程中贯彻及时性，一是要及时收集会计信息，即在经济交易或者事项发生后，及时收集整理各种原始单据或者凭证；二是要及时处理会计信息，即按照会计准则的规定，及时对经济交易或者事项进行确认或者计量，并编制财务报告；三是要及时传递会计信息，即按照国家相关的有关时限，及时地将编制的财务报告传递给使用者，便于其及时使用和决策。

及时性要求企业在每年年末及时披露企业的相关财务信息，这对应到沙盘运营中体现为：企业需要在每年年末及时填写三张财务报表，分别是综合费用表、利润表和资产负债表，报表填写完成之后才能进入企业下一年的运营，从而及时地将企业运营的各类信息反馈给投资者等报表使用者，以帮助其做出相应的各类决策。

综上，我们可以看出，企业会计原则在具体会计运行工作中和各种会计处理流程和处理方法上都得到体现，保证了会计信息能够真实、准确、完整地反映企业的各类经营情况，最终为各类报表使用者提供决策依据。

即测即评

请扫描二维码，进行随堂测试。

温故而知新

　　财务相关的知识点很多，也许你学过了，感觉模模糊糊，再看一下这些知识，似乎觉得都知道，也能理解。如果有个机会让你将这些知识与实务联系起来，我想你一定很想试试吧！比如，在后面的章节中，你看到企业可能因为经营困难，现金无法支撑或是已有资产不能偿还负债，不得不终止经营时，你就会对会计的"持续经营"假设有更深刻的理解。又如，辛辛苦苦做了很多铺垫，就是为了在市场上获得订单，如果能拿到你想要的订单，你会觉得一切的辛苦没有白费，那时，也许你会对一切计划起源于"销售收入"有切身的感受。当然，这么多知识，想要尽量多地体验，需要一个很大的空间。接着，我们就会带你认识和走入一个平台，模拟运营规则，集合一帮玩伴，在一段时间内畅游体验你所学过或者是考过的知识点，感受它们的串联与并行，体验置身其中，时而无奈，时而确幸，五味杂陈。这么好玩，要归功于模拟运营的设计，接下来，我们就到第二章看看吧。

第二章　模拟运营的设计

第一节　模拟运营的概述

一、模拟运营的简介

模拟运营是指基于现代企业经营管理思想——ERP（Enterprise Resource Planning，企业资源计划），在实验平台上模拟企业经营的活动。模拟运营涉及企业运营的所有关键环节，包括战略规划、资金筹集、市场营销、产品研发、生产组织、物资采购、设备投资与改造、财务核算与管理。利用沙盘平台把企业运营所处的内外环境抽象为一系列运营规则，由学员组成多家相互竞争的模拟企业，如模拟制造型企业的采购、生产、销售等一系列实验环节，结合宣传推广、融资投资等步骤，在同样的市场环境下体验实现利润最大化的财务管理目标。模拟运营通过让每组学员模仿企业管理中的各个角色，帮助学员认识岗位、理解职责，辅以预算工具的使用，模拟参与企业运营过程。

模拟运营
来啦！

二、模拟运营的作用

模拟运营的目标在于实现对学员的综合能力训练，有助于学员知识体系掌握能力、实践技能和思维能力的提升，对学员的个人定位和职业生涯发展意义重大。

（一）多方位拓展知识体系

掌握财务管理、战略管理、营销管理、物流管理、人力资源管理的基本概念和核心思想，体会制造型企业生产、采购、销售和库存管理的运作规则，了解企业的组织机构和岗位职责，在竞争环境下分析企业面临的市场格局和发展机会。

（二）训练实践技能

体验统一整合的信息平台下企业经营管理绩效的提升，学习依靠客观数据评价与决策的意识与能力，感悟准确及时集成的信息对于企业科学决策的重要作用、训练信息化时代的基本管理技能。在理解企业商业目标设定及战略目标管理重要性的基础上，掌握企业战略执行或达成目标的方法和工具，运用商业经营中的核心要素在竞争中占得先机。

（三）提升思维能力

在模拟运营的团队合作中树立共赢理念和全局观，以战略眼光看待企业的经营和发展，在瞬息万变的商业环境中决策，实现从记忆、理解和应用的低阶思维能力向分析、评价和创造的高阶思维能力转变，经历从理论到实践再到思维的全面提升过程，实现知识和能力的迁移与转化。

三、模拟运营的特点

模拟运营具备以下四个特点：

（一）融合理论与实践

模拟运营融合管理理论与实践，集角色扮演与岗位体验于一身，使学员实际体验企业资源的管理过程，在分析市场、制定战略、营销策划、组织生产、财务管理等一系列活动中，参悟科学的管理规律，全面提升实践能力。

（二）注重沟通与合作

模拟运营是以小组形式开展的，学员在小组经营中担任企业总经理、财务总监、采购总监、生产总监、销售总监等不同的角色，角色之间的沟通协调尤为重要。在运营的各个阶段，同组学员都需要实时分析讨论，在协商基础上适时调整方案和策略，以保证模拟企业的持续经营和健康发展。除了学习商业规则和财务语言外，模拟运营引导学员增强沟通技能，并体会如何以团队的方式工作。

（三）情景模拟，体验式学习

模拟运营通过设置市场需求和竞争规则，将初始状态相同的模拟企业置于同一竞争环境中，一般以季度为最小单位连续经营4~6个会计年度，每个年度更新各企业的运营结果。在动态竞争博弈的环境下，采取不同的经营策略组合会带来不同的运营结果，可能有的企业与日俱增，快速赚得盆满钵满；有的企业稳扎稳打，较最初有所突破；也有的企业屡屡受挫，经营难以为继。企业运营过程中也充满了未知和转折，或许前期看似默默无闻的企业在最后一鸣惊人，又或许本来风光无限的企业落败于一招不慎，这是现实社会的投射，也更能让学员在模拟运营中体会到跌宕起伏的气氛。

（四）易于理解，寓教于乐

模拟运营剥开企业经营理念的复杂外表，将抽象的经营管理理论浓缩为一系列运营规则，以最直观的方式让学员体验和学习。完整生动的视觉感受和紧张刺激的运营氛围能够有效地激发学员的兴趣，在体验商界经营跌宕起伏的同时理解企业经营和市场竞争的本质。

四、模拟运营的软件平台

模拟运营涉及战略制定、市场分析、生产组织、产品销售、财务预算等方方面面，需要一个系统化的设计。模拟运营沙盘是一个整合、集成企业资源的软件平台，通过一系列标准化的操作即可模拟企业的经营活动，在模拟运营中被广泛使用。

（一）沙盘的来源

沙盘最早指用沙土或其他材料做成的地形模型，根据地形图、航空照片或现实地形，按一定的比例制作，主要用以研究地形、敌情、作战方案，组织协同和军事训练等。"沙盘模拟训练"源自军事上高级将领作战前的沙盘模拟推演，它跨越了实兵检验的巨大成本障碍和时空限制，有助于发现军事战略战术上的问题，提高作战能力。欧美知名商学院和管理咨询机构很快意识到这种方法同样适合对中、高层经理的培养，随即对军事沙盘模拟推演进行了广泛的借鉴与研究。1978 年，瑞典皇家工学院的 Klas Mellan 开发了一门名为"决战商场"的课程，其特点是采用体验式培训方式，遵循"体验—分享—提升—应用"的过程以达到学习的目的。最初该课程主要是从非财务人员的财务管理角度来设计的，之后经过不断改进与拓展，针对不同职业、不同职位的沙盘演练课程相继被开发出来。20 世纪 90 年代末，沙盘模拟类培训课程进入中国，被多所高校纳入 MBA、EMBA 课程及企业中高层管理者在职培训的教学之中[1]。2005 年，用友公司借鉴国外沙盘培训课程的相关经验，开发了用友 ERP 沙盘，如图 2-1 所示。随后，各种各样的企业模拟运营沙盘被开发出来，它们有不同的规则设定、角色安排和计分标准，但总体的思想和设计方法大同小异。本书主要以商战沙盘为例来进行介绍。

（二）手工沙盘

最初，模拟运营教学以一套实物沙盘教具为载体。商战沙盘盘面按照制造企业的职能部门划分了四个职能中心，分别是营销与规划中心、生产中心、物流中心和财务中心。各职能中心覆盖了企业运营的关键环节，即战略规划、市场营销、生产组织、采购管理、库存管理、财务管理等，是一家制造企业的缩影。手工沙盘是 ERP 模拟经营的最初形式，但同时受限于实物形式，沙盘模拟运营的规则较为简化，运营过程和操作也难以控制。

（三）电子沙盘

随着计算机技术的快速发展，许多企业开发出了 ERP 沙盘模拟的软件，即电子沙

---

[1]　梁凤霞，王惠. 企业商战运营模拟实训教程［M］. 哈尔滨：哈尔滨工业大学出版社，2016.

图 2-1   用友公司开发的实物沙盘盘面图

盘。用友公司于 2010 年左右开发出了电子商战沙盘，其版本也在不断地迭代更新。目前的电子沙盘采用浏览器／服务器（B/S）架构模式，基于 J2EE 平台，使用 java 开发技术，系统中间件、JDK 平台及数据库统一打包在安装程序中。在电子沙盘的支持下，ERP 沙盘模拟运营被越来越多的人所熟知和喜爱，国内多所高校开设了 ERP 沙盘模拟课程，其在高校学生思维和能力发展，以及企业员工素质和技能培训中扮演着日益重要的角色。电子沙盘保留了实物沙盘的优点，同时信息化程度高，普适于各类企业、高校的沙盘模拟实训，主要有整合性、实用性、灵活性和实时性的特点。

1. 整合性

电子沙盘是通过计算机操作的企业经营模拟软件系统，在继承实物沙盘模拟经营的思路和特点的基础上，统一整合运营规则，构建高度集成化的经营管理系统，集知识性、趣味性、对抗性于一体，涉及制造型企业的整体战略规划、产品研发、设备投资改造、生产能力规划、物料需求计划、资金需求计划、市场与销售、财务经济指标分析、团队沟通与建设等多方面的内容，支持多种市场竞争和企业运营模式，有助于实现整个企业综合资源的平衡调配和优化管理。

2. 实用性

电子沙盘界面设置更友好，互动体验更高质，运营操作也更快捷。电子沙盘基于更贴近现实的运营环境和规则开发设置，学员仅需在电子平台上进行操作即可完成运营，容易学习上手。

3. 灵活性

教师能够在系统中自由设置规则和订单，可以支持多个教学班同时上课或训练，实现运营活动全程监控，运营数据全面分析和快速导出，使教学管理更便捷高效。此外，电子沙盘打破了原有的时空限制，便于来自全国甚至全球的师生相互交流，共同进步。

4. 实时性

系统数据实时更新，使得模拟企业的不同职能部门能够实现动态配合，提高了管理团队的决策效率，显著提升了操作体验。

本书将基于电子沙盘 V5.0 版本，对模拟运营的组织、流程和攻略等进行阐述。电子沙盘作为模拟运营的载体，其设计架构、页面布局和功能操作等都对模拟运营的体验至关重要。电子沙盘与实际中运用的 ERP 管理系统越贴近，则越有助于学员学习应用。相比于之前的电子沙盘版本，电子沙盘 V5.0 有明显的优化改进，一方面，界面设计更加简洁美观，各个功能区一目了然；另一方面，用户操作也更加简便灵活。因此，电子沙盘 V5.0 版本是目前电子沙盘最主流的版本之一。

第二节　模拟运营的组织与安排

运营与角色

一、角色分工

企业的组织架构是全体成员为实现目标，在管理工作中进行分工协作，在职务范围、责任、权利方面等所形成的结构体系。企业组织架构的设计会受到企业内外部环境、发展战略、生命周期、技术特征、组织规模等多方面因素的影响。制造型企业的简化组织架构如图 2-2 所示。

企业组织架构中的不同职能对应着不同的岗位角色，正是各个角色的相互配合与制衡，企业才能高效有序地运转。在模拟运营中，考虑系统的限制和实际的运营体验，一般选取制造型企业

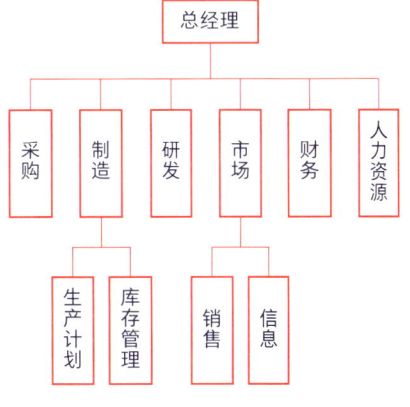

图 2-2　制造型企业的简化组织架构

中最重要且最普遍的职能，将角色分为总经理、财务总监、采购总监、生产总监、销售总监和市场总监。

总经理

总经理是企业的总决策者，负责主持企业的各项经营管理工作，组织实施企业年度经营计划和投资开发方案等。在商战模拟运营中，总经理主要负责制定广告策略、获取订单、研发各类资质以及收集商业情报等。

财务总监

财务总监总管企业的财务会计工作，组织协调企业财务资源与业务规划的匹配运作，为企业的经营、业务发展及对外投资等事项提供财务方面的分析和决策依据。在商战模拟运营中，财务总监主要负责贷款申请、应收账款贴现及财务数据更新和资金调配等。

采购总监

采购总监负责统筹策划和确定采购内容，有效利用资金确保各项采购任务完成。在商战模拟运营中，采购总监主要负责订购原料、更新原料库和紧急采购等。

生产总监

生产总监负责制订和调整年度生产计划，组织生产安排，监控生产进度，确保及时出货。在商战模拟运营中，生产总监主要负责制订生产计划、厂房购租及生产线建设或转产等。

销售总监

销售总监负责制订年度销售计划和方案，监督实施销售全过程，完成销售任务。在商战模拟运营中，销售总监主要负责产品交货以及临时出售库存等。

市场总监

市场总监主要关注市场动态，把握市场机会，协调企业内外部关系，及时、准确地向企业的各个部门传递市场需求和竞争情况，并快速做出反应。在商战模拟运营中，市场总监主要负责收集商业情报，通过"询盘"了解竞争对手的生产经营情况，从而辅助战略制定和策略调整。

情景案例：
小组分工的
那些事

二、小组分配

在商战系统中，一个小组用一个账号登录进行操作即可，为方便对运营流程进行控制和安排，将所有参与模拟运营的小组都统一进行编号，登录系统的用户名由"字母 U+ 数字编号"构成。其中，"U"为英文单词"User"的缩写，代表用户（也可由其他字母替代）；数字编号从 01 开始，1 号小组编号即为 01，2 号小组编号为 02，以此类推，最终小组的用户名为 U01，U02……如有 15 个小组参与模拟运营，则最后一个小组的编号为 U15。在首次登录时，系统会为账号自动分配一个初始密码，登录后即可修改。如小组经营正常，未发生破产，那么再次登录时输入用户名和修改后的密码即可成功登录。需要注意的是，小组破产后账号暂时不能登录，待教师还原本年或本季并进行股东注资或特别贷款操作成功后即可重新登录。账号登录页面如图 2-3 所示。

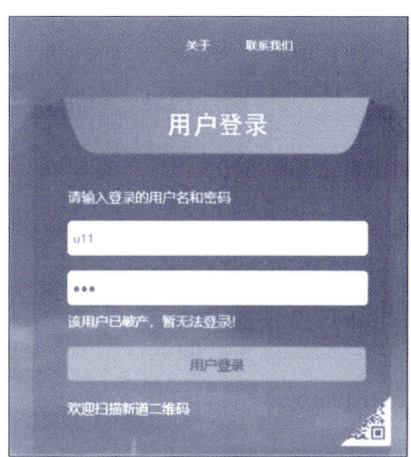

图 2-3　正常运营和破产组的账号登录界面

第三节　模拟运营的评分与环境

一、分数与排名

（一）评分设计总体思路

企业的生产经营在实物形态中表现为物资的运动，而反映在价值形态中则表现为资金的运动。企业要想生存、发展并盈利，需要依靠一系列与生产经营紧密结合的财务决策，包括筹资、投资和资金营运决策。企业在经营活动中首先需要保持以收抵支和偿还到期债务的能力，并筹集企业发展所需的资金，最终通过合理、有效地运用资金使企业盈利，增加股东财富。

企业财务管理的目标是指企业进行财务活动所要达到的根本目的，它决定着财务管理的基本方向，主要的财务管理目标有利润最大化、股东财富最大化和企业价值最大化等。在模拟运营中，企业运营的目标为实现股东财富最大化，这一目标避免了利润最大化目标导致的短视行为，也比企业价值最大化目标更能真实地反映企业的运营成果。而股东财富正体现在企业的所有者权益中。此外，由于历史成本会计基础的局限性，仅由所有者权益的账面价值无法反映企业未来发展的潜力，因此沙盘模拟运营在所有者权益的基础上还设置了一定的加分规则来调整最终的评分结果，更客观真实地反映企业运营的成果。

（二）评分标准

所有者权益是指企业所有者对企业净资产的要求权。净资产在数量上等于企业全部资产减去全部负债后的余额，可看作会计恒等式的变形，即资产－负债＝所有者权益。

模拟运营的规则一般包括产品原材料构成和资质规则、原料订购规则、厂房和生产线使用规则、贷款和贴现规则、研发认证规则、选单规则和商战规则等。以商战规则为例，产品分为 P1、P2、P3 和 P4，各产品需要 R1、R2、R3 和 R4 不同的原料配比生产，生产线分为手工线、租赁线、自动线和柔性线，厂房分为大厂房、中厂房和小厂房，市场包括本地、区域、国内、亚洲和国际市场，还设有 ISO 9000 和 ISO 14000 资格认证。模拟运营的规则阐述详见本书第三章和第四章。运营即竞争，企业经营后累积了多个会计期间的财富。而这些财富的形式就是由所有者权益和企业的战略性投资综合体现，具体详见公式 2-1 和公式 2-2。其中，所有者权益是企业历史运营结果的体现，不能进行人工调整或指定。战略性投资包括研发投入和中长期资产投资，代表企业未来的经营能力，可由教师根据比赛参数设定，在后台对应项目进行分值填入。一旦设定完成，分值将公示给使用端，开始经营后，分值一般不做修改。

沙盘模拟经营结束后，系统将计算各队的总成绩得分，计算公式如下：

总成绩＝所有者权益 ×（1 ＋企业综合发展潜力 /100）　　（公式 2-1）

企业综合发展潜力 = 市场资格分值 +ISO 资格分值 + 生产资格分值 +

厂房分值 + 各条生产线分值　　　　（公式 2-2）

其中，生产线建成（包括转产）即加分，无须生产出产品，也无须有在制品。企业综合发展潜力计分标准如表 2-1 所示：

表 2-1　　　　　　　　　企业综合发展潜力计分标准（示例）

大类	项目	分值	大类	项目	分值
市场开发	本地 / 区域市场	+7	厂房投入	大厂房	0
	国内市场	+8		中厂房	0
	亚洲市场	+9		小厂房	0
	国际市场	+10	生产线投入	手工线	0
产品开发	P1 产品开发	+7		自动线 租赁线	+7/ 条
	P2 产品开发	+8		柔性线	+10/ 条
	P3 产品开发	+9	质量认证投入	ISO 9000	+8
	P4 产品开发	+10		ISO 14000	+10

注：各项目及其加分细则可由教师在后台设置，注意参看运营系统界面上的"规则说明"。

在实际的运营过程中需要注意，综合发展潜力的计分中并不包括现金，但是包括厂房和生产线以及各类研发认证资格。此外，运营结束后也无须将应收账款贴现。请思考这是为什么？详情请扫码查看。

在运营过程中，如果企业所有者权益为负或者无法支付系统要求支付的款项，则系统会提示企业破产，此时企业经营中断。为了让学员更完整地体验运营，教师可通过股东注资或特别贷款的操作为企业融资，保证企业可以继续运营。

沙盘模拟经营结束后，系统将计算各队的总成绩。在计算运营成绩时，分为未破产组和破产组分别排名，其中，未破产组按照公式 2-1 计算得分并排名，破产组还需要根据企业的股东注资和特别贷款在系统得分上扣减。此外，无论是破产组还是未破产组，教师都需根据企业运营超时或还原本年的操作次数在系统得分的基础上进行相应的调减，最终运营成绩得分高者排名在前。例如：在未破产组中，U01 所有者权益合计为 600 万元，企业综合发展潜力为 200 分，则 U01 的系统总成绩为 1 800 分，U01 无超时或还原本年的操作，其最终的运营成绩即为 1 800 分；U02 所有者权益合计为 650 万元，企业综合发展潜力为 180 分，则 U02 的系统总成绩为 1 820 分，U02 在第三年第二季度因操作超时一次，扣分 50 分，则 U02 最终的运营成绩为 1 770 分。综合来看，U02 的运营总成绩低于 U01，相应地，U02 的名次也低于 U01。

二、模拟运营的环境

如新道新商战沙盘系统模拟运营盘面展示如图 2-4 所示。

（一）系统导航区

如图 2-4 第 1 部分所示，页面上方为系统导航区。左侧显示系统名称和版本，为"新道新商战沙盘系统 V5.0"。右侧设置"公告信息""规则说明""市场预测""新手指南""退出系统"共五个选项，用户可分别点击获取相应说明或退出登录。下方显示系统当前的状态，包括用户名、当前教学班、当前时间和用户状态。页面系统导航区选项内容见表 2-2。

（二）生产区

如图 2-4 第 2 部分所示，页面中部左侧为生产区。生产区是企业运营的核心区域，生产某种产品首先需要对生产资格进行投资，购买或租赁厂房和生产线，采购产品原材料，安排产品产能，最终完成产品的上线和下线。生产区显示企业购买或租赁的厂房以及生产线信息。如图 2-4 中所示的两个大厂房，编号为 9268 的大厂房中有四条已建成的自动线，编号为 2936 的大厂房中有四条生产线在建。此外，还有两片空地待使用。每购买或租用一个厂房，空地会显示为"厂房"样式。在厂房里，每建设或租赁一条生产线，页面会显示生产线的建设或生产状态。

（三）信息显示区

如图 2-4 第 3 部分所示，页面右侧的信息显示区包括三个分区，分别是财务信息区、研发认证信息区和库存采购信息区。

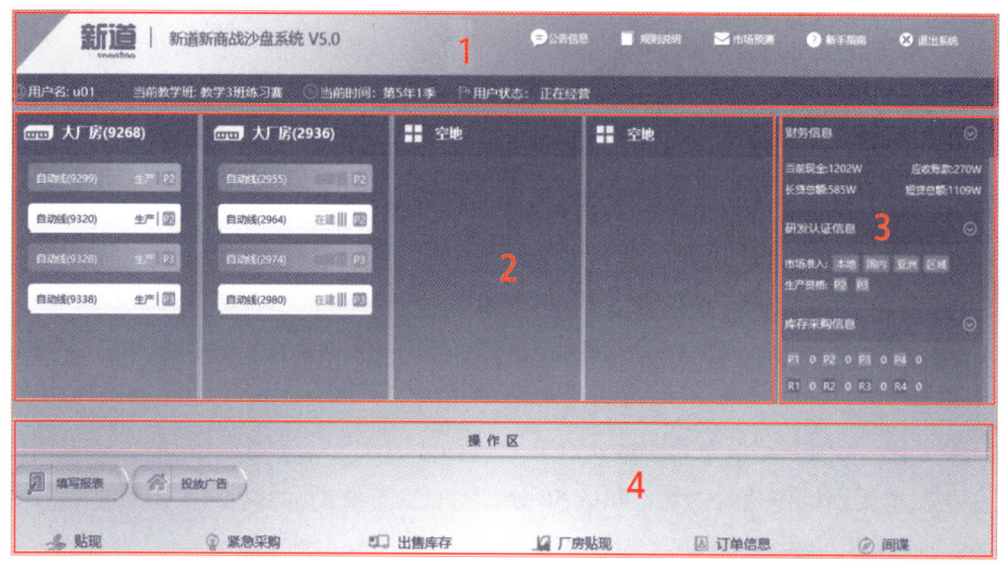

图 2-4   新道新商战沙盘系统模拟运营盘面展示 [①]

注：1 系统导航区；2 生产区；3 信息显示区；4 操作区

表 2-2   页面系统导航区选项内容

选项	内容
公告信息	面向用户，显示系统公告
规则说明	教师在后台设置好参数后，规则自动显示，供学员随时查阅
市场预测	随时查阅各市场各产品的预测售价、销售量与订单数等信息
新手指南	包含操作说明和运营说明，帮助新手掌握运营操作流程
退出系统	退出系统登录

财务信息区详细信息如图 2-5 所示。点击右上角的下拉箭头，页面会显示企业的"当前现金""应收账款""长贷总额""短贷总额""特别贷款"和"股东注资"，将光标置于应收账款、长贷总额和短贷总额上，页面还会显示对应项目的明细，包括剩余账期金额和贷款时间等。综合财务信息则分项显示了企业的现金收支情况，包括"贴息""利息""销售收入""维修费""转产费""租金""管理费""广告费""信息费""损失"

---

① 财务信息区的"W"为"万元"的简称，本书同。

"直接成本""ISO 认证""产品开发"和"市场开拓"。这一分区简要地显示了企业的财务状况、经营成果和现金流量，便于学员快速查询，以评估企业负债的金额和结构成本费用的控制情况和收入的回款情况。

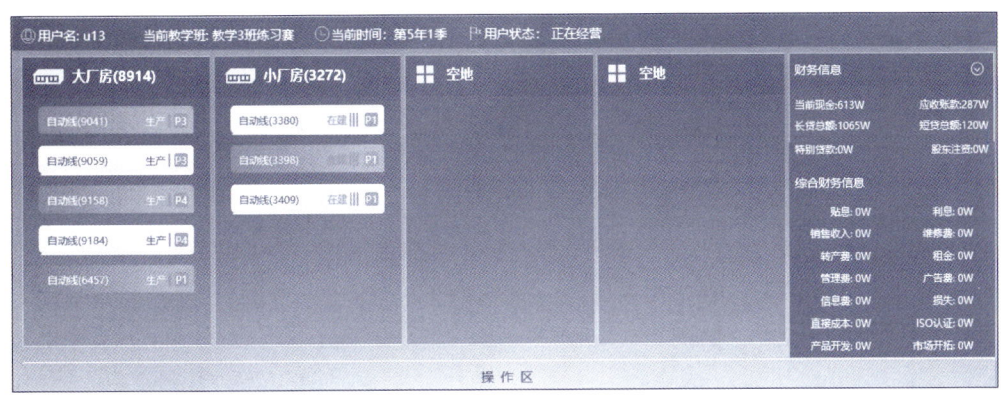

图 2-5　财务信息区

研发认证信息区详细信息如图 2-6 所示。点击右上角的下拉箭头，页面会显示企业的"市场准入"和"ISO 认证"等信息，其下方详细显示市场开拓、产品研发和 ISO 认证的时间和进度，企业可以据此安排产品的生产和销售计划。如图 2-6 所示，企业已开拓了本地、区域、亚洲、国内和国际共五个市场，研发了产品 P1、P3 和 P4，另有产品 P2 正在研发，已通过 ISO 9000 和 ISO 14000 的认证。

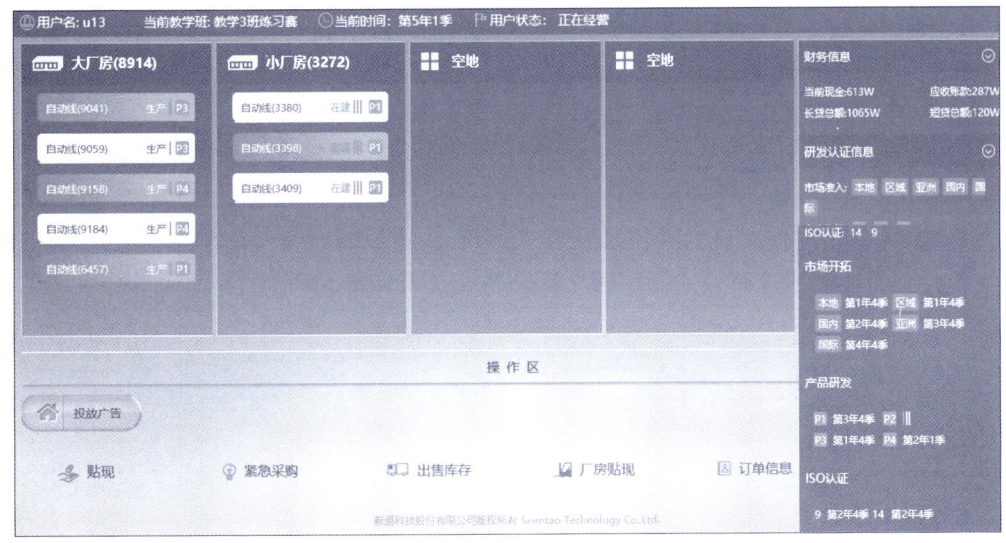

图 2-6　研发认证信息区

库存采购信息区详细信息如图 2-7 所示。点击右上角的下拉箭头，页面会显示企业各产品以及原材料的库存和在途情况，与企业的生产安排相对应。如图 2-7 所示，企业有 1 个 P3 的产品库存和 2 个 R2 的原材料库存，另有 6 个 R1、2 个 R2、4 个 R3、6 个 R4 在途运输，6 个 R1、2 个 R2 将于下一季度到库，4 个 R3 和 6 个 R4 将于两季度后到库。

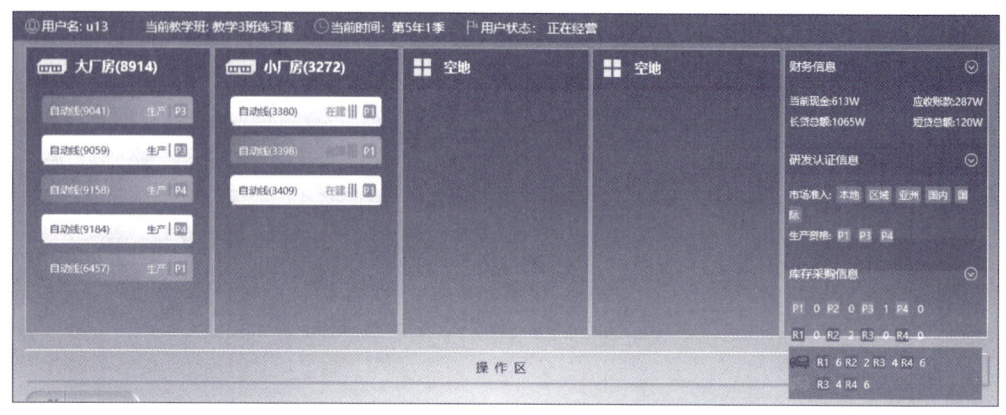

图 2-7　库存采购信息区

（四）操作区

如图 2-4 第 4 部分所示，操作区分上下两个区域。上方显示的操作步骤随着经营所处的时间节点而变化，如年初显示"填写报表"和"投放广告"。下方显示的操作则不受运营时间限制，可以在运营过程中的任一时间进行操作，包括"贴现""紧急采购""出售库存""厂房贴现""订单信息"和"间谍"。

三、模拟运营的流程设计

根据总体运营时间设定的不同，商战模拟运营企业一般经营 4～6 个会计年度，用 Y（Year）表示，每个会计年度含有 4 个季度，用 Q（Quarter）表示，如图 2-8 所示。

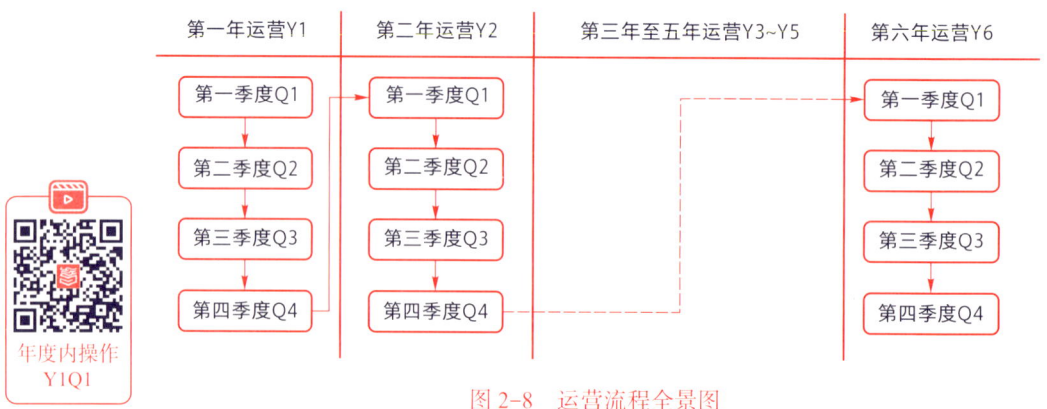

年度内操作
Y1Q1

图 2-8　运营流程全景图

每个年度分设 4 个季度运行，运营规则和流程顺序一致。某一年的总体运营流程可分为年初运营、每季度运营、年末运营以及部分流程外运营。某一年详细运营流程如图 2-9 所示。

年度内操作
Y1Q2

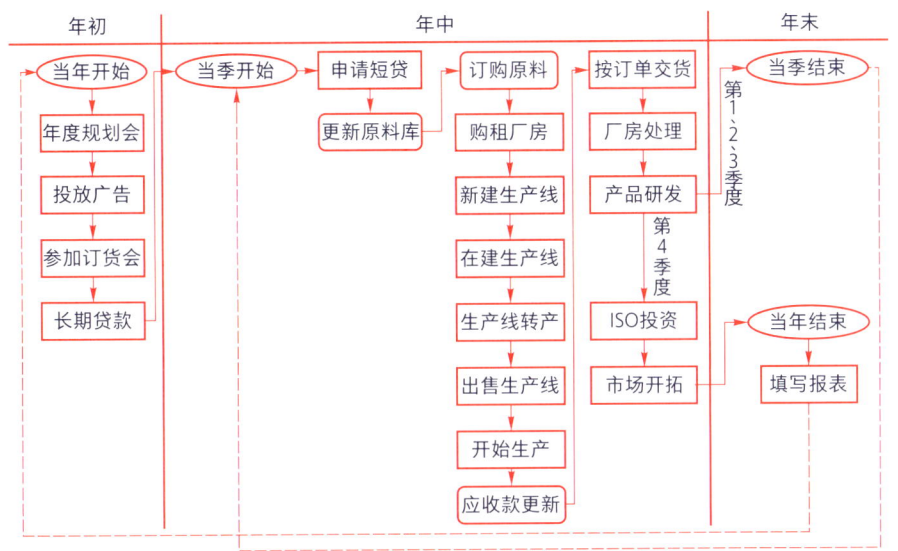

年度内操作
Y1Q3-Y1Q4

图 2-9　某一年详细运营流程

（一）年初操作流程

年初企业运营过程包括年度规划会、投放广告、支付广告费、支付所得税、参加订货会、长期贷款。年度规划会在每运营年度开始时召开，在软件中无须操作。年度规划会一般由团队总经理主持召开，会同团队中的采购、生产、销售等负责人一起进行全年的市场预测分析、广告投放、订单选取、产能扩张、产能安排、材料订购、订单交货、产品研发、市场开拓、筹资管理和现金控制等方面的分析和决策规划，最终完成全年运营的财务预算。上一年结束后，系统时间切换到下一年年初，各企业可到其他企业处进行"询盘"，即查询竞争对手的生产经营信息，随后企业投放广告，确认投放后系统会自动扣除所投放的广告费和上年应缴的所得税。如果询盘所有企业完成投放广告操作后，且教师/裁判已经启动订货会时，企业即可参加订货会选单。由于订货会选单具有竞争性，因此这一流程也被称作"竞单"。全部市场选单结束后，订货会结束。企业可在每年初申请长期贷款。

年度初操作
——投放广告

情景案例：现场询盘和借助信息查询

（二）每季度内运营流程

当季开始操作时，系统会自动完成短期贷款的更新，偿还短期借款本息，检测更新生产/完工入库情况和生产线完工/转产完工情况。接下来即可在操作区进行申请短贷、更新原料库、订购原料、购租厂房、新建生产线、在建生产线、生产线转产、出售生产线、开始生产、应收款更新、按订单交货、厂房处理、产品研发的操作，部分操作界面如图2-10所示。对于每年的第一、二、三季度，当季操作至此已完成，当每季度结束时，系统会自动支付行政管理费，检查产品开发完成情况。而每年第四季度，操作区会出现ISO投资和市场开拓，完成这两步操作后，即可点击当年结束。当年结束时，系统会自动支付行政管理费、租赁线续租租金、检测产品开发、ISO投资、市场开拓情况，自动支付设备维修费、计提当年折旧、扣除产品违约订单的罚款。

图2-10　季度内运营界面

（三）年末操作流程

年末运营操作主要是填写报表，包括综合费用表、利润表和资产负债表，分别反映企业的期间费用、经营成果和财务状况。依次在综合费用表、利润表、资产负债表的编辑框内输入相应计算数值，三张表填写过程中都可点击保存，暂时保存数据。点击提交，即提交结果，同时，系统会自动计算运营小组的财务结果，与提交数值进行对比。教师端口统计了所有运营小组信息后，可以汇总下发所有小组的运营三表。各小组也可以通过操作区下方的"间谍"功能按钮，获取其他小组的经营详细数据。

总的来说，年末的操作在填写报表以外，还需要准备搜集竞争对手信息，开启下一个经营年度的年初操作。

除上述运营操作外，企业可随时进行操作区下方的六项运营操作：贴现、紧急采购、出售库存、厂房贴现、订单信息和间谍[①]，如图 2-11 所示。

贴现	紧急采购	出售库存
厂房贴现	订单信息	间谍

图 2-11 流程外运营操作

四、模拟运营的时间安排

一般来说，企业连续模拟 6 个会计年度的运营时间会持续约 8 个小时，加上休息时间后近 10 个小时，如表 2-3 所示。一个会计年度的模拟经营可以分为三个阶段。从裁判端，也就是教师端的角度，会经历当前会计年度竞单、年度内运营和报表信息披露与询盘三个阶段。教师主要负责系统订单发放、运营辅助与监督、报表审核、排名计分和询盘组织。从运营端，也就是学生端的角度，会经历投放广告与竞单、年度内经营和报表填写与询盘三个阶段。学员需要在市场和产品组合下在系统运营终端填入所要竞投订单的广告费并参与选单，填入年初、年中各个季度和年末的运营数据，最后填写报表和进行询盘工作。

表 2-3　　　　　　　　　模拟运营时间安排（示例）

开始时间	结束时间	时长（分钟）	项目
08：30	09：10	40	学生第一年运营
09：10	09：20	10	教师发放报表，学生填表、询盘、投广告
09：20	09：35	15	学生第二年选单
09：35	10：15	40	学生第二年运营
10：15	10：25	10	教师发放报表，学生填表、询盘、投广告
10：25	10：50	25	第三年选单
10：50	11：30	40	第三年运营
11：30	11：40	10	教师发放报表，学生填表、询盘、投广告
11：40	12：10	30	第四年选单
12：10	14：10	120	第四年运营，午休，教师答疑
14：10	14：20	10	教师发放报表，学生填表、询盘、投广告
14：20	15：00	40	第五年选单
15：00	15：40	40	第五年运营
15：40	15：50	10	教师发放报表，学生填表、询盘、投广告

[①] 从简化运营难度的角度，模拟运营中，教师端通常会取消各组企业在参加竞单会过程中进行紧急采购这一环节，也会简化间谍操作，即不征收间谍查询竞争对手的费用。

续表

开始时间	结束时间	时长（分钟）	项目
15：50	16：35	45	第六年选单
16：35	17：15	40	第六年运营
17：15	17：25	10	教师发放报表和计分排名
17：25	18：10	45	运营结束总结

注：以上为参考时间安排，具体时间应根据现场运营时间做相应调整。

通常来说，第一个阶段的时长要根据小组投放市场和产品广告费的组合数量决定。运营的第一年没有订货会，所以此阶段不需要进行该项操作。从第二年开始，随着市场份额和产品研发的逐年增加，各运营小组需要参加订货会的范围逐步扩大，竞单时间会逐步加长。当然，组数越多，竞单的时长也就越长。教师可以在后台设置每个小组选择订单的时间。例如，在 1 个市场中，4 个产品共 15 家企业都要竞单的情况下，以每次竞单时长为 20 秒，首个选单小组为 45 秒来计算，这一轮选单所需时间需要 20 分钟左右。然而，实际情况是，并不一定每家企业都需要在同一个市场、同一个产品上进行竞单，且每次的选单时间也往往不足 20 秒。因为当某一企业在选单时，其他企业也能实时看到订单的变化情况，并预判确定目标订单，轮到自己时即可快速选择订单。根据实际教学经验来看，同一市场 4 个产品的选单时间总计约 10 分钟。

第二个阶段的时间每个会计年度都会严格控制在 40 分钟内，超时会进行扣分。随着模拟企业规模的扩大，其经营业务往往也逐年增加，需要的系统操作也越来越复杂。根据各运营企业遇到的情况不同，教师需要进行相应的辅助与处理，如作为股东注入资金，或者提供特别贷款，帮助企业持续经营。学员则需要在规定时间内，在小组中合力完成计划排产、产能投资、资金维护和研发投入等工作。运营内容的增加和复杂化对学员年度内运营的时间把控要求也逐步提高。

第三个阶段是填写报表、询盘与投放广告，这一阶段一般在 10 分钟内，由小组成员分工协作完成。财务总监需要根据本会计年度企业运营的状况在系统中填写报表，即综合费用表、利润表和资产负债表，随后提交。教师端收集到所有小组信息后会发放系统自动生成的企业报表和成绩排名，小组将其与自己填写的报表相核对，调整经营预算表，同时记录年度运营成绩。小组的其他成员则到其他企业处询盘，查看并记录竞争对手的信息。此外，小组成员还可以结合教师发放的财务报表来分析竞争对手。报表分析与询盘的目的在于为小组选择下一会计年度的订单、广告投放的市场与产品选择以及广告费金额判断做好辅助。

试运营前的
常见疑问

第四节　模拟运营的财务报表解读

企业经营模拟软件使用的表格主要有三个，即综合费用表、利润表和资产负债表，简称"三表"。三个表格与模拟企业运营的过程和结果息息相关，可以帮助运营企业了解每一年度自身企业和竞争对手企业的综合财务状况，从而制定经营预算和战略规划，做到知己知彼、百战不殆；也可以借此向排名靠前的小组学习战略经验，进而调整自身计划，得到更好的融资策略和投资策略的匹配。

每年运营结束，教师/裁判端会通过运营平台向所有小组下发企业的三表，以便所有模拟企业核对自己所填写报表是否正确，了解自身企业和对手企业整体情况，进行财务总结和预算制定。

如果运营小组还想了解竞争对手更多的业务信息，则需要通过"间谍"功能下载其他小组的财务、生产、设备等业务信息。当然，这种信息搜集是需要支付费用的。具体的费用由教师在裁判端进行设置。

接下来，我们将对三表的内容依次进行解读。

一、综合费用表

如表 2-4 所示，综合费用表主要反映模拟企业在本年费用支出的情况，此表的前两列列示运营小组发生的综合费用的科目及内容，其他列则依次显示整场运营每个小组的综合费用金额，小组名称按照序号排列显示在第一行。运营小组可以通过各个项目的费用信息看到自己与对手在各个业务板块的资金投入情况，进而分析经营现状。综合费用表是一张动态报表，反映的只是本年度经营活动发生的当期金额。

表 2-4　　　　　　　　　　　三表之综合费用表　　　　　　　　　　　单位：万元

项目名称	内容解读	U01	U02	U03	U04	U05	U06
管理费	本年固定支出的日常管理费用	40	40	40	40	40	40
广告费	本年年初订货会前针对每个市场每个产品投放的广告费用总和	200	176	88	96	64	143
设备维护费	本年建成的生产线产生的设备维护费用和租赁线的租金总和	80	135	115	80	50	80
转产费	本年内生产线转产生产不同产品产生的转产费用总和	0	0	0	0	0	0
租金	本年厂房租赁费用的总和	45	45	45	73	0	0
市场准入开拓	本年市场准入开拓费用总和	10	10	20	20	0	20

续表

项目名称	内容解读	U01	U02	U03	U04	U05	U06
产品研发	本年产品研发费用总和	0	10	10	30	20	0
ISO 认证资格	本年 ISO 资格认证费用总和	0	0	0	0	0	0
信息费	本年使用间谍功能获取信息费用总和	0	0	0	0	0	0
其他	其他损失支出，如库存折价拍卖、生产线变卖、紧急采购、订单违约、等	40	110	10	150	20	20
合计		415	526	328	489	194	303

从表 2-4 的数据可以看到，由于规则规定"管理费"每季度 10 万元，一年 40 万元，属于固定费用，因此每个小组都相同。"广告费"是运营小组在当年年初投放的广告费，一般来说，第一年没有广告费。"设备维护费"是生产线建成以后每年都会扣除的金额，租赁线的租赁费属于维修费，会被计入设备维护费中。设备维护费金额越高，表示生产线条数越多或生产线越高级，或租赁线较多，如果想看到设备的具体数量与型号，可以通过"间谍"功能下载对手信息进行查看。"转产费"是生产过程中生产线转产产生的费用，教师可以在系统后台设置生产线转产费用的金额。"租金"是指厂房租金，运营小组可以通过租金费用大致推测出对手的厂房数量和种类，如果某个小组没有厂房信息则该小组可能购置了厂房，这需要小组转到表 2-6 资产负债表的"土地和建筑"进一步查看。一般来说，厂房购置虽然占用了企业现金，但是却为企业节约了租金，选择"租"还是"买"，属于投资行为决策。"市场准入开拓""产品研发"和"ISO 认证资格"费用可以根据企业发展战略进行投入。"信息费"是使用间谍功能查询对手企业信息收取的费用。"其他"是指企业生产经营过程中的额外损失，比如，①库存折价拍卖，原材料拍卖后，只能收回一定比例的现金，剩余部分形成损失计入"其他"，该比例由教师在裁判端进行规则设定；②生产线变卖后，生产线净值与残值的差额算作损失，不能收回现金，并计入"其他"；③紧急采购，假设规则设定原材料的紧急采购成本是原价的 2 倍，那么材料的原价值计入生产成本，多出价格计入"其他"，算作损失；④订单违约，系统根据未能交付订单总额按照教师设定的罚款比例，形成损失计入"其他"。

以表 2-4 综合费用表（第四年）U01 组为例，其每季度管理费 10 万元，年度管理费为 40 万元，广告投入 200 万元，各条生产线共产生设备维护费 80 万元，租金 45 万元，市场准入开拓费 10 万元，其他费用 40 万元。U01 组该年综合费用合计 415 万元。费用会造成所有者权益金额降低，在以所有者权益为主要 KPI（Key Performance Indicator，关键绩效指标）的模拟经营中，想要取得更好的成绩，就需要在保证企业持续健康发展的基础上尽量控制费用的支出。

二、利润表

利润表主要反映模拟企业的年度经营收入、成本、费用支出构成、所得税和多步式利润结果，体现企业的整体经营成果。如表2-5所示，前两列为运营小组净利润形成的过程及解读，用各科目和分步结算小结表示，其他列则依次显示整场运营每个小组的金额，小组名称按照序号排列显示在第一行。

"销售收入"表示运营小组在当年按照订单交货的收入总额。"直接成本"是指生产过程中耗用的直接材料和直接人工，属于变动成本，随着产品被销售，其价值从存货中结转至营业成本，模拟经营中的营业成本只计算直接成本。"折旧"是企业在生产经营过程中使用的固定资产随着其耗用分期计入费用。本书规则中生产线建成后当年不计提折旧，以后每年计提折旧直到净值与残值相等。"财务费用"是指长期贷款和短期贷款的利息合计，以及应收账款的贴息。模拟经营规则设定的"所得税"一般为25%，缴纳所得税首先需要弥补以前年度亏损，弥补完成后的剩余部分作为缴税基础。

以表2-5利润表（第四年）U02组为例，其第三年共产生销售收入1 549万元，生产产品的直接成本为640万元，毛利为909万元，减去综合管理费用526万元、折旧120万元、财务费用116万元，可得税前利润为147万元。由于存在以前年度亏损，参看表2-6，U02在年初累计亏损72万元，那么，当年的税前利润需要先弥补上年度亏损，剩余利润才用于缴纳所得税（147-72）×25%=18.75（万元），四舍五入得19万元。因此，U02组第四年所得税费用19万元，净利润为128万元。

表2-5　　　　　　　　　　　　三表之利润表　　　　　　　　　　　单位：万元

项目名称	内容解读	U01	U02	U03	U04	U05	U06
销售收入	本年完成订单交货后产生的销售收入	649	1 549	1 042	1 264	519	907
直接成本	本年生产过程中发生的直接成本，包括直接材料和直接人工成本	280	640	440	570	210	380
毛利	本年销售收入与直接成本的差额	369	909	602	694	309	527
综合管理费用	本年综合费用表的费用合计金额，来自表2-4的合计数	415	526	328	489	194	303
折旧前利润	毛利与综合管理费用的差额	-46	383	274	205	115	224
折旧	本年厂房和生产线计提的折旧费用合计	140	120	70	140	80	140
支付利息前利润	折旧前利润和折旧费用的差额	-186	263	204	65	35	84
财务费用	本年贷款利息和贴现费用的合计	121	116	50	93	184	180

续表

项目名称	内容解读	U01	U02	U03	U04	U05	U06
税前利润	支付利息前利润和财务费用的差额	−307	147	154	−28	−149	−96
所得税	本年税前利润弥补往年亏损之后剩余的金额 ×25%	0	19	0	0	0	0
净利润	税前利润与所得税的差额	−307	128	154	−28	−149	−96

三、资产负债表

资产负债表主要反映年度初始和末尾，企业资产、负债和所有者权益的详细组成、经营结果和财务累计发生额，帮助运营者了解企业融资组成和投资规划。如表 2-6 所示，前两列为运营小组资产负债表的各项目名称及内容解读，其他列则依次显示整场运营每个小组的金额，小组名称按照序号排列显示在第一行。

资产负债表包括资产、负债和所有者权益三大要素。其中，资产包括流动资产和固定资产。流动资产包括现金、应收款、在制品、产成品和原材料。其中，"在制品"是还在生产线上进行生产的各类产品个数乘以其单位直接成本后的合计数。"原材料"是已经验收入库的原材料，不计算在途的。固定资产包括土地和建筑，机器与设备，以及在建工程。其中，"土地和建筑"指企业购入的厂房价值。"机器与设备"指生产线净值的合计。"在建工程"是指还在投入建设的生产线的投资金额合计。负债包括长期负债、短期负债、特别贷款和应交税费。其中，"应交税费"是根据利润表中计算出的所得税填写。所有者权益包括股东资本、利润留存和年度净利。"股东资本"是初始资金，只有在有股东再注资时才会发生变化。"利润留存"由上一年度的"利润留存"加上"年度净利"计算得出。"年度净利"则是从利润表中的净利润取数。

以表 2-6 资产负债表（第四年）U02 组为例，其中，它的固定资产仅有机器与设备 480 万元，长期负债 525 万元，短期负债 855 万元，所有者权益为 656 万元。

表 2-6   三表之资产负债表   单位：万元

项目名称	内容解读	U01	U02	U03	U04	U05	U06
现金	企业现金的年末存量	83	640	544	328	124	503
应收款	企业销售收入中应收账款的年末存量	0	655	394	664	277	225
在制品	未完工产品的年末存量	0	180	80	180	0	90
产成品	已完工产品的年末存量	160	70	40	0	0	0
原材料	库存原材料的年末存量	100	30	60	100	10	20
流动资产合计	流动资产年末存量合计	343	1 575	1 118	1 272	411	838

续表

项目名称	内容解读	U01	U02	U03	U04	U05	U06
土地和建筑	已经建成厂房的年末存量	0	0	0	0	330	400
机器与设备	已经建成生产线的年末存量	560	480	430	560	320	560
在建工程	在建生产线的年末存量	0	0	50	100	0	0
固定资产合计	**固定资产年末存量合计**	**560**	**480**	**480**	**660**	**650**	**960**
资产总计	**流动资产和固定资产金额年末存量合计**	**903**	**2 055**	**1 598**	**1 932**	**1 061**	**1 798**
长期负债	长期贷款年末存量	0	525	0	0	1 000	1 800
短期负债	短期贷款年末存量	0	855	783	1 314	0	0
特别贷款	教师/裁判端提供的现金贷款年末存量	600	0	400	0	0	0
应交税费	企业应缴纳的当年所得税，在下一年度年初支付	0	19	0	0	0	0
负债合计	**负债存量合计**	**600**	**1 399**	**1 183**	**1 314**	**1 000**	**1 800**
股东资本	初始投资与教师/裁判端后期注资的年末存量	1 000	600	600	800	600	600
利润留存	所有年度净利润累计总额	−390	−72	−339	−154	−390	−506
年度净利	本年度净利润总额	−307	128	154	−28	−149	−96
所有者权益合计	**股东资本、利润留存与年度净利总额**	**303**	**656**	**415**	**618**	**61**	**−2**

四、三表的勾稽关系分析

以上三表综合反映了模拟企业经营状况和财务状况，共同体现了模拟企业的整体运营情况。虽然各自侧重点不同，但互相映衬、联系紧密。

1. 综合费用表与利润表

综合费用表的所有费用支出都是为模拟企业成就利润产生的间接支出，是保障模拟企业进行销售生产的前期铺垫和固定成本。例如，综合管理费用的合计数正是利润表中综合管理费用的金额。

2. 综合费用表与资产负债表

综合管理费用反映了资产负债表中资产的维护费用，如厂房生产线的折旧费、维修费；租金可以反映厂房的租赁费，这类相关费用的支出与资产存量是可以匹配的，可以进行企业费用化和资本化投资的决策分析。

3. 利润表与资产负债表

利润表反映了模拟企业本年度的经营成果，资产负债表将本年度经营成果反映在对应项目的年末存量上。例如，利润表的净利润对应着资产负债表中的年度净利，而历年累计净利润总额则反映在利润留存中。又如，利润表中的折旧反映出资产负债表中建筑和生产线的计提折旧导致的存量减少。再如，财务费用对应着长期负债和短期负债的利息费用以及应收账款贴现的贴息费用，所得税费用对应着应交税费的金额等。

即测即评

请扫描二维码，进行随堂测试。

温故而知新

　　这个平台信息量很大吧，别着急，具体规则还没开讲呢。相信你已经大致心里有数，感受到这个平台要承载的丰富内容了，不仅如此，还有角色定制、分工与组织。虽然财富最大化这个目标你能理解，但想必一路去实现它应该不会太简单。是的，模拟运营的平台涉及"规则"，也是这场"游戏"的主线与依据，"玩家"需要组队前行，各个阶段的任务靠"财务报表"来展现真章。那么，从什么地方开始入手呢？巧妇难为无米之炊，给到一袋米，一段时间后，这袋米是否会被吃光？有剩余？还是像变魔法一样多出几袋？不如我们跟着现金流，在模拟运营盘中走一走吧。当然，想要走得顺利，那就得先了解规则，让我们从实操篇，第三章开始吧。

实操篇：企业经营，现金为王

第三章 模拟运营之现金流入

现金流入是企业持续经营的前提，也是企业获得发展的资金源泉。现金流入，作为企业现金流管理的关键一环，为企业的经营注入了新鲜血液。从现金流量表的角度来讲，现金流入量一般包括经营活动产生的现金流入量、投资活动产生的现金流入量、融资活动产生的现金流入量。本章主要介绍商战运营中的融资活动和经营活动产生的现金流入项目及其操作流程等，全方位介绍和解读现金流入项目。

第一节 融 资

一、融资的介绍

企业的资本按所有权的归属，可以分为权益资本和债务资本。同理，企业融资的来源也可以分为权益性融资和债务性融资。[①]

实操与商战模拟的融资方式如图 3-1 所示。

融资知识
讲解

权益性融资主要有吸收投入资本、发行股票和企业内部积累，是企业获得长期或永久使用的资金。权益性融资带来的资金流入，增加企业资产的同时也增加了企业的所有者权益。从会计分录上来看，如果融资方式是吸收投入资本，贷方记"实收资本"；如果融资方式是发行股票，贷方记"股本"。[②]

融资盘面
操作

债务性融资主要有银行贷款、发行企业债券、融资租赁、商业信用等，是企业在一定期限后需要偿还的资金。债务性融资带来的资金流入，增加企业资产的同时也增加了企业的负债。从会计分录上看，如果融资方式是银行贷款，贷方记"短期借款""长期借款"等；如果融资方式是发行企业债券，贷方记"债券投资"。

① 郭复初、江涛、王庆成. 财务管理学［M］. 6 版. 北京：高等教育出版社，2024.
② 吴学斌. 中级财务会计［M］. 4 版. 北京：人民邮电出版社，2019.

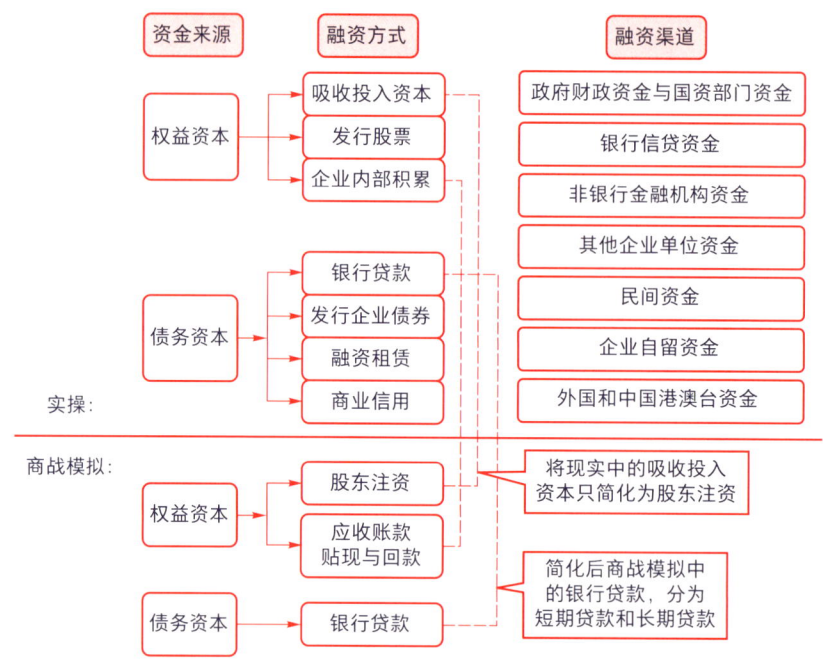

图 3-1 实操与商战模拟的融资方式

在商战模拟中，权益性融资包括股东注资、应收账款贴现与回款；债务性融资只有银行贷款。接下来，本章将按照融资在模拟经营中发生的时间顺序来对股东注资、银行贷款和应收账款贴现与回款分别进行讲解。

二、股东注资

（一）传统理论与实务

股东注资是指股东在公司设立或者增加资本时，为取得股份或股权，根据协议的约定以及法律和章程的规定向公司交付财产或履行其他给付义务[①]。一般来说，股东注资是由政府担保、银行出资用于企业经营；同时，作为企业的所有者权益，成为股东资本。实际上，"股东注资"这一说法在现实生活中并不多见，人们更常用"权益融资""吸收投入资本"这些词来表达相关意义。权益融资方式包括吸收投入资本和发行股票，而股东注资相当于权益融资中的吸收投入资本。

吸收投入资本是我国企业融资中最早采用的一种方式，是企业的自由资本，能够增强企业的信誉，提高企业的资信；有助于尽早形成企业的生产经营能力，迅速开拓市场，产生经济效应；能够降低企业财务风险，增加财务灵活度[②]。

---

① 盛强，黄世洁. 财务会计［M］. 北京：北京理工大学出版社，2017.
② 郭复初，江涛，王庆成. 财务管理学［M］. 6 版. 北京：高等教育出版社，2024.

(二)商战模拟

商战模拟中,股东注资都是以货币的形式,通过裁判端向需要注资的企业注入资金。一般而言,股东注资出现在两种情况下。

1. 第一种情况:公司初始设立的时候

公司刚刚成立时,教师会通过裁判端为每家企业注入一笔初始经营资金,即股东注资。学员登录系统进行注册,确定后即可登录系统,在财务信息一栏的"现金"模块内,可以看到经营的初始金额。当然,不同的沙盘竞赛规则设定的初始资金是不同的,通常设定值为600万元。随后,各家企业则根据初始经营资金制订其融资、生产等运营计划。

2. 第二种情况:企业破产的时候

当企业经营遇到困难、不得已破产时,经营者可向教师端申请股东注资,同时,教师端通过企业破产的原因判断是否以股东注资的形式为企业提供现金。企业获取股东注资后,将获得一定数量的现金,增加企业的流动资产,同时企业的所有者权益也将一同增加。通常而言,破产情况下的股东注资能帮助企业将所有者权益由负数转换为正数,企业在此基础上还具有了一定的贷款额度。在额度允许范围内,企业可以继续向银行申请贷款为企业补充更多的资金,保持资金的流动,维持企业财务状况的稳定。

在系统运营中,一种情况是如果企业因为缺乏现金进入到下一个环节,这时系统就会弹出对话框,显示企业资金不足,需要到裁判端申请破产注资;另一种情况则是在企业翻到下一个会计年度的时候,企业显示"企业破产",并关闭小组登录状态,此时,小组需要到裁判端申请股东权益的注资。具体的注资金额由教师判定。

专栏3-1 股东注资举例

(1)假设规则设定注册企业时股东注资为0,即初始经营资金为零,则企业在注册之后没有启动资金,企业的所有者权益为0,也就意味着不仅没有现金,而且没有贷款额度,即无法向银行申请贷款。此时的企业将无法支撑正常的固定资产、管理费用等开销,可谓"巧妇难为无米之炊"。

(2)假设规则设定注册企业时股东注资为650万元,即初始经营资金为650万元,那么企业在注册之后,系统会自动在财务信息一栏中显示现金650万元,经营者可以利用这部分创业资金铺设生产线、购买原材料等,开展一系列正常的生产经营活动。

三、银行贷款

（一）传统理论与实务

银行贷款是企业根据贷款合同向银行及其他金融机构借入的需要还本付息的款项，属于债务融资的范畴。银行机构遍布全国各地，吸收了大量存款，资金充裕，与企业联系密切。有了资金保证，银行通过贷款的方式将所集中的货币资金投放出去，可以满足社会扩大再生产对补充资金的需要。因此，利用银行的长期和短期借款是企业筹集资金的一种重要方式。

银行贷款具有融资速度快、融资成本低、借款弹性好等优点。按贷款机构不同，银行贷款可以分为政策性银行贷款、商业银行贷款和其他金融机构贷款；按有无担保，银行贷款可分为信用贷款和担保贷款；按偿还期限不同，可分为短期贷款和长期贷款。

表 3-1 是 2024 年 5 月的银行存贷款基准利率表。存贷款基准利率是中国人民银行发布的在金融市场上具有普遍参照作用的利率，商业银行存贷款利率是根据这一基准利率水平进行调整确定的。每家银行调整的利率幅度不尽相同，因此，不同银行实际执行的存贷款利率也是有所区别的。

表 3-1　　　　金融机构人民币存贷款基准利率调整表（2024 年 5 月）

项目	年利率
一、短期贷款	
1 年以内（含 1 年）	1.45%
二、中长期贷款	
1～5 年（含 5 年）	1.49%
5 年以上	2.00%
三、个人住房公积金贷款	
5 年（含）以下	2.35%
5 年以上	2.775%

数据来源：中国人民银行网站。

（二）商战模拟

贷款是商战运营中运用最多的一种融资形式。沙盘经营中，企业被设定为非上市企业，不能进行同行业拆解或个人贷款，只能向银行申请贷款。银行可以向企业提供按照偿还期限划分的两种不同类型的贷款：长期贷款和短期贷款。以贷款的时间为起点，到偿还负债的时间为终点，如果期限超过 1 年的时间，则称为长期贷款；如果整个期限不超过 1 年，则称为短期贷款。两种贷款的贷款时间、贷款额度、年利率以及还款方式不尽相同。此外，还有一种特殊类型的贷款为特殊贷款。特殊贷款是一种临时应急的其他贷款行为。

1. 银行贷款的信用额度

商战模拟中，针对银行贷款会有一个最大贷款额度设定。最大贷款额度系统设定方式为上年年末企业所有者权益的 N 倍，关于 N 的具体数值，一般教师／裁判在参数设置中设定为 3 倍。

在这种规则的设定之下，银行贷款的信用额度受企业所有者权益影响。如果资产负债表上的权益数额越小，长期贷款和短期贷款的总额度就会越小。企业在创业前期要为生产经营投入大量的资金，进行购买固定资产和原材料等生产建设投资，在企业生产线建设完成后，才能开展生产、销售、广告等业务。也就是说，企业的前期投入比较大，而销售收入带来的现金流入主要集中在后期，如果财务资金使用不当，资金链容易出现问题。因此，商战运营前期企业虽有毛利，但对投入的补偿不足，导致利润为负数。经营亏损额逐年累积到留存收益，如果一直累积的是亏损，那么留存收益的负数值就会累积得很大，从而造成所有者权益的递减。所有者权益的递减，会影响总贷款信用额度。为保证财务资金的顺畅，经营者需要合理且恰当地计划好银行贷款的数目与时期，最大限度地利用银行贷款的资金。

2. 长期贷款与短期贷款

如表 3-2 所示，长期贷款的贷款年限在 1 年以上，可在每年年初向银行申请长期贷款，因此，每年只能申请一次。贷款年利率为 10%，还款方式为年初付息、到期还本。短期贷款的期限为 1 年，可在每季度初向银行申请贷款，因此 1 年最多可以短贷 4 次；贷款年利率为 5%，还款方式为到期一次还本付息。

商战运营中，在完成"当年开始"的操作后，就可以进行短贷操作。不论经营者选择长期贷款还是短期贷款，系统都设置为不能提前还款，需要企业按照既定的时间偿还本金。

表 3-2 商战模拟中银行贷款规则

贷款类型	贷款时间	贷款额度	年息	还款方式
长期贷款	每年年初	所有长短贷之和不超过上年权益的 3 倍	10%	年初付息，到期还本
短期贷款	每季度初		5%	到期一次还本付息

注：长期贷款和短期贷款一次借贷不能低于 10 万元。

专栏 3-2 申请短期贷款的具体操作流程

［界面说明］最大贷款额度：该次贷款允许的最大贷款数。需贷款额：根据需要填写相应贷款金额，贷款金额不得超过最大贷款额度。

［操作］点击主页面下方操作区中菜单"申请短贷"，弹出"申请短贷"对话框，如图 3-2 所示。在"需贷款额"后输入金额，点击确认即完成申请短期贷款操作。

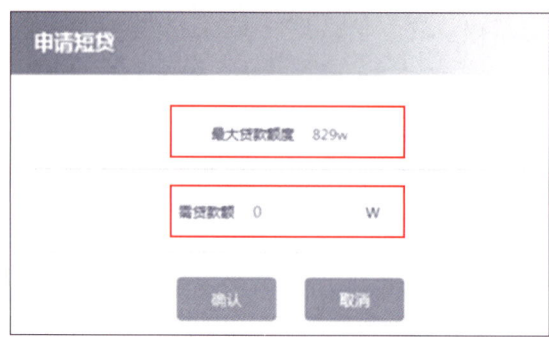

图 3-2　申请短期贷款操作图示

专栏 3-3　申请长期贷款的具体操作流程

［界面说明］最大贷款额度：该次贷款允许的最大贷款数。需贷款年限：选择贷款年限，年限到期后需要偿还本金。需贷款额：根据需要填写相应贷款金额，贷款金额不得超过最大贷款额度。

［操作］点击主页面下方操作区中菜单"申请长贷"，弹出"申请长贷"对话框，如图 3-3 所示。弹出框中显示本企业当前可以贷款的最大额度，点击"需贷款年限"下拉框，选择贷款年限，在"需贷款额"录入框内输入贷款金额，点击确认完成申请长期贷款操作。

长短贷的计算和选择

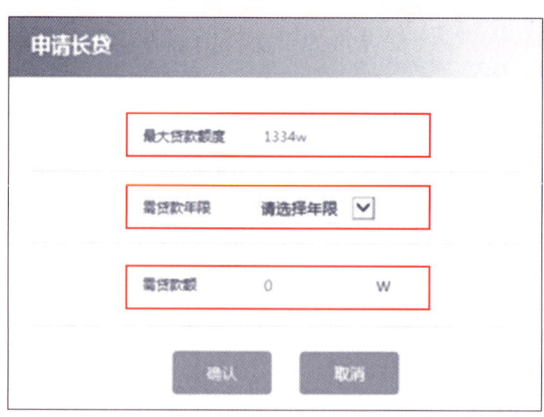

图 3-3　申请长期贷款操作图示

3. 特别贷款

特别贷款仅限于企业现金无法应付日常支出度过当季经营的企业申请，主要用于企业短期融资和流动资产的使用。商战运营中，只有当企业发生现金流断裂时，企业经营者才能向教师端申请特别贷款，经核定后直接增加企业的现金持有量，帮助企业度过该经营步骤，继续开展经营活动。特别贷款的利率通常会高于长期贷款的利率，如 30%。凡借入特别贷款的企业归属破产组进行排名，并且还款时间以及是否还款不受限制，通常来说，还款快对小组排名会有正向作用。但如果被特别贷款的小组将后期经营注意力转移到何时进行何种方式的还款时，往往会忽略运营本身以及资金对于运营撬动的最大效率的运用，反而不利于运营。

四、应收账款贴现与回款

（一）传统理论与实务

应收账款贴现是指企业在应收账款到期前将应收账款凭证拿到商业银行或其他金融机构申请贴现，是应收账款融资重要的一部分。应收账款回款是指企业实际收到的应收账款的资金。实际生活中，赊销有可能会产生无法收回的应收账款的情况，即发生坏账损失。应收账款回款作为企业销售资金来源的重要渠道，对企业的资金流通具有举足轻重的影响。

目前应收账款融资的主要方式有应收账款贴现、应收账款质押贷款、应收账款保理等。根据融资时与应收账款相关的控制权是否已经确实转移，可以将应收账款融资在性质上划分为无追索的应收账款融资和有追索的应收账款融资两大类。应收账款融资有利于加强应收账款管理、减少坏账损失、增加资金流通；也可以增加短期融资、开辟新的融资渠道。

（二）商战模拟

1. 应收账款贴现

应收账款贴现不同于银行贷款有特定的贷款期限，它可以在任何时候进行。贴现所针对的对象是应收账款。当企业需要现金时，可以将还未到期的应收账款进行提前变现，这种经济活动就称为贴现。因为该应收账款并非正常到期收回，所以贴现时需支付相应的贴现利息（简称"贴息"）。

贴息等于贴现金额乘以贴现率。贴现率由教师端进行设定，如表 3–3 所示。账期越长的应收款贴现率越高。账期是指应收款变现的季度数，如企业正处于第一季度，现有的应收账款账期为 2Q，则表示该笔应收款还有 2 个季度，即会在第 3 个季度实现全额变现回款。其中，贴息的计算是依照向上取整的规则。企业在贴息时获得的实际现金为贴现的本金减去贴息。

由于贴现率较高，应收账款贴现一般在企业存在现金短缺，且无法通过成本更低的银行贷款取得现金流时考虑使用。

表 3-3   贴现规则介绍

类型	时间	额度	年息	还款方式
资金贴现	任何时间	视为应收款项	1 季、2 季：10% 3 季、4 季：12.5%	变现时贴息

专栏 3-4   应收账款贴现的具体操作流程

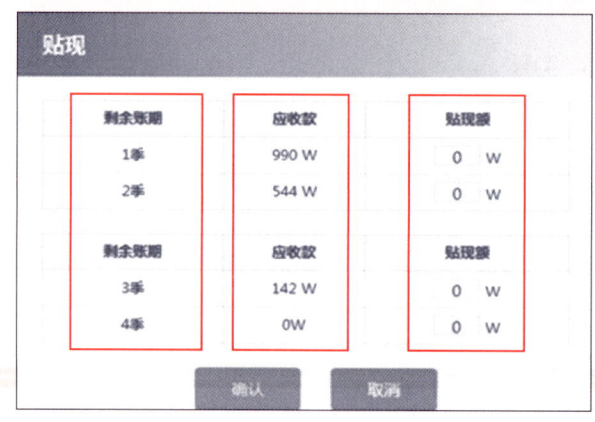

图 3-4   贴现操作图示

［界面说明］图 3-4 中，"剩余账期"为购货方的付款期限；"应收款"为企业对应"剩余账期"的应收账款数额；"贴现额"为根据自身需要，填写相应的应收款贴现额。

［操作］此操作随时可进行，点击主页面下方操作区中菜单"贴现"，弹出"贴现"对话框，如图 3-4 所示。对话框中显示可以贴现的应收款金额，选好贴现期，在贴现额一列输入要贴现的金额，点击确认，系统根据不同贴现期扣除不同贴息，将贴现金额加入现金。

专栏 3-5   应收账款贴现计算

假定某企业账期为 1Q 和 2Q 的应收款贴现率为 10%，账期为 3Q 和 4Q 的应收款贴现率为 12.5%。若有两笔应收账款，一笔的账期为 2Q、金额为 10 万元，另一笔应收款的账期为 3Q、全额为 20 万元，由于经营需要，将两笔应收账款同时进行贴现。

分析：贴现利息 =10×10%+20×12.5%=3.5（万元）。根据贴现利息向上取整规则，约等于 4 万元。实收全额 =10+20−4=26（万元）。贴现后收到的 26 万元，当即增加企业现金；产生的贴现利息 4 万元，作为财务费用入账。

2. 应收账款的回款

当应收账款到期后，企业会收回赊销收入，增加企业的现金。应收账款的回款，也是现金流入重要的一部分，是应收账款与现金流之间的关键桥梁。应收款更新操作实质上是将企业所有的应收款项减少 1 个收账期。对于本季度到期的应收款，系统会自动计算并在"收现金额"框内显示，确认现金入库。这就是系统对应收账款回款的反应，对于本季度未到期的应收账款，系统会自动记录减少 1 个收账期。

专栏 3-6 应收账款更新的具体操作流程

［界面说明］对本季度尚未到期的应收款，应收款更新的收现金额为 0。

［操作］点击主页面下方操作区中菜单"应收款更新"，弹出"应收款更新"对话框，点击确认即可，如图 3-5 所示。

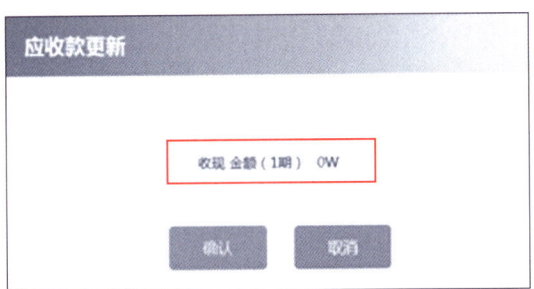

图 3-5 应收账款更新操作图示

第二节 销 售

一、销售的概述

（一）传统理论与实务

产品的销售阶段是商品流通的最重要的环节之一，它关系能否将商品转化为货币资金，进入企业的资金周转过程中。马克思把这种转化形象地比喻为"惊险的跳跃"。企业将资本不断投入生产经营活动中，通过购买生产要素等进行生产，然后将生产的产品销售出去，收回资金并获取一定的利润，进入下一个资金循环。良好的销售情况可以加快企业资本周转速度，提高资本的使用效率，形成良好的资本循环。[①]

销售是实现企业生产成果的活动，是企业经营发展的一种手段，也是支持企业长久运营的动力。在同质化产品竞争如此激烈的市场环境下，广告的宣传策划对产品整体销售能起到关键作用，因此也成为许多企业抢占市场份额的重头戏。成功的广告宣传策划，可以直接促进产品销售，进而迅速建立品牌优势。相反，失败的广告宣传策划，会阻碍消费者对产品的选择，使品牌影响力黯然失色。

（二）商战模拟

商战模拟中最重要的销售环节是选单和库存拍卖。选单环节直接决定了订单的质量，也就确定了一年的销售收入。因此，各小组需要了解选单的顺序、选单技巧以及选单的项目标识，以便又快又好地选择合适的订单。如若不能通过订单获取收入，库存拍卖也可视为一种收入，但它其实是一种不得已的筹资手段。企业匮乏资金时，出售已购的原料或已完成生产的库存商品，以便回笼资金，减轻资金压力。其中，广告费的投入对订单的选择有着极其关键的作用。针对不同市场、不同产品，可以选择投入不同额度的广告费，而投入不同额度的广告费，获得的选单机会和选单顺序也不尽相同。

二、广告费的投放

（一）传统理论与实务

广告费是指企业通过各种媒体宣传或赠品发放等方式，激发消费者对其产品或劳务的购买欲望，以达到促销目的所支付的费用。一般而言，广告费是指同时符合以下条件的费用：广告经市场监管部门批准的专门机构发布；通过一定的媒体传播；取得合法有效的凭证。制作、发布《中华人民共和国广告法》禁止的广告支出，不属于广告费。广告费，有时又称为业务宣传费，包括以宣传本企业的资产、劳务、服务为目的，以画册、光盘、适当的实物为载体，取得合法有效的凭证的费用总和。以业务宣传名义向客户或特定关系人赠送礼品的支出，不属于业务宣传费。

一旦预算出广告费，企业就会按照计划对广告费用进行投放。广告费的投放阶段是销售收入的重要决定阶段，企业需要结合发展战略有针对性地在不同市场对不同产品进行广告费的规划和分配。对重点经营的市场和产品，企业需要结合自身资金情况尽量多地采取各种渠道和方式投放广告以吸引需求方和消费者的目光，从而在竞争日益激烈、

---

① 《马克思主义政治经济学概论》编写组. 马克思主义政治经济学概论［M］. 2 版. 北京：人民出版社，2021.

商品同质化日益增强的市场环境中获取更多的市场份额，实现企业长远发展的目标。

正如财务管理和风险管理阶段经常强调的"鸡蛋不要放在同一个篮子"里，广告费的投放同样要在战略上适当考虑风险规避的策略，在其他市场和产品上适度分散，以应对可能面对的战略失误和经营风险。广告费投放同样是一个变动决策的过程，需要根据不同的市场环境和竞争对手的经营情况综合分析，随机应变。即在广告费投放前科学调研和分析市场环境，在投放中做好投放效果监控和调整，投放之后做好评估与总结，逐渐积累经验。

（二）商战模拟

在商战模拟中，广告费的投放发生在每年运营结束和订单会开始之间，与偿还长期贷款利息和缴纳企业所得税同时发生。于不同市场投放的不同产品，是一个年初的操作。企业在每个市场对每个产品的广告费投放金额决定了企业在每个选单环节的选单顺序和选单次数。因此，各企业需要提前了解广告投放的规则和作用，掌握投放技巧，以便根据公司战略与市场预测情况在不同市场对不同产品合理投放广告费，充分获取与之相匹配的销售收入。如若广告费投放过多、过少或与自身产能和资金情况不相匹配，企业则可能会出现资金浪费和订单无法交付等情况，影响正常运营，甚至可能产生破产危机。

具体投放时，每个市场中每个产品的广告费金额最少为 10 万元，每增加 20 万元可以增加一次选单机会，如第一轮选单之后仍有剩余订单，可以进行第二次选单操作。每一轮的选单顺序主要由广告费金额大小决定，广告费越高的企业可以优先选择自己心仪的订单。如出现几家企业广告费金额相同，则选单顺序由上一年几家企业在本市场的销售额大小决定。选单技巧可以参考后文专栏 3-9。

广告费是什么？

三、选单

（一）传统理论与实务

选单强调的是供应商对采购方的单向选择，现实中更多的是供应商与采购方之间的双向选择。供应商的目标是找到采购方提供的符合生产能力的优质项目；采购方的目标是找到既能提供优质服务，又能最大程度降低成本的供应商。供应商和采购方在不断博弈的过程中达成共识，成为合作伙伴。整个博弈的过程可以借助招投标完成：供应商在众多的招标项目中，选择与企业自身能力相匹配的采购方进行投标，与其他企业一同竞争；采购方需要先进行项目立项，再经过相关部门进行资格批准，在众多投标企业中筛选出合适的供应商企业。

选单知识讲解

（二）商战模拟

选单是企业经营管理的重点之一，对企业的资金回笼发挥着关键的作用。订单的质量高低直接影响企业资金的流动性，对于新市场的开拓、新产品的开发等都有重要的影响。获取一份好的订单，不仅可以帮助企业实现零库存的目标，还能促使企业的资金"活"起来，实现资金的价值。同时，优质的订单还可以帮助企业提高生产效率，加快其对市场的反应速度，提升竞争力。

选单操作

商战运营中，订单信息包含了六个要素，分别是产品数量、产品类型、总价、交货期、账期和 ISO 认证。

其中，交货期是一个时点数，是指该张订单最晚的交货时间。订单必须在规定的交货期内交货，若产品数量足够，可提前交货。例如，交货期为 4Q，代表企业需要在第四季度或者第四季度之前按订单交货，否则将会被系统自动判定为违约，并在年末按订单总额的一定比例扣除违约金。系统规定，当年年初企业在订货会取得的全部订单都需要在当年交付完毕。

账期是一个时期数，是指从完成并交付订单的季度开始算起，收到该笔订单销售款的时间，该时间由系统根据走盘进度自动更新。例如，账期为 2Q，代表由于赊销而形成了 2 个季度的应收账款，需要在交货当季相隔 2 个季度后才能收到销售现款；账期为 0，代表该订单是现金销售，交货后可立即收到现金。

ISO 认证包括 ISO 9000 和 ISO 14000 两种认证标准。某些订单还有 ISO 的认证要求，必须要具备研发完成的资质认证才能选取该类订单。具有质量资质认证要求的订单，通常毛利与账期都会比较优质。

专栏 3-7   选单的具体操作流程

［界面说明］系统会提示正在进行选单的市场（显示为红色）、选单用户和剩余选单时间，企业选单时特别要关注上述信息。图 3-7 对话框左边显示某市场的选单顺序，右边显示该市场的订单列表。未轮到当前用户选单时，右边操作一列无法点击。当轮到当前用户选单时，操作显示"选中"按钮，点击选中，成功选单。

［操作］点击主页面下方操作区中菜单"参加订货会"，弹出"订货会就绪"对话框如图 3-6，或"参加订货会"对话框如图 3-7。当其他企业存在未完成投放广告操作时，当前组显示图 3-6，当所有企业均已经完成投放广告，且教师／裁判已经启动订货会时，系统会显示图 3-7。

图 3-6 订货会就绪

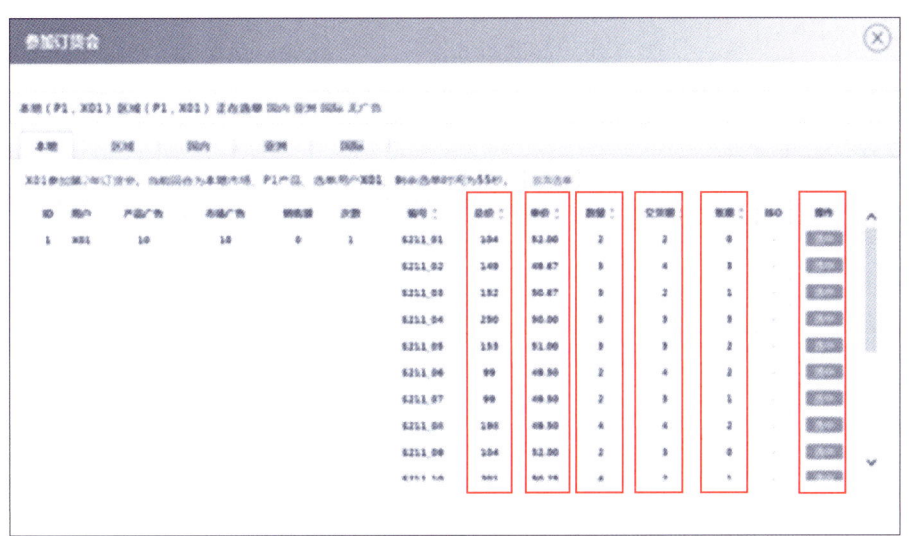

图 3-7 参加订货会操作图示

专栏 3-8 选单的顺序原则

选单顺序根据以下顺序原则确定：上一年度本市场销售额最高者（无违约）优先（如果系统设置"无市场老大"，则此条原则作废，顺延下一条原则）；其余企业按照某市场、某一产品的广告投放额排定本产品的选单顺序；如果在同一市场、同一产品投入的广告费用相同时，按照投入本市场的广告费总额，排定选单顺序；若以上三种情况仍无法决定的，则按照投放广告的时间先后顺序，排定选单顺序。

专栏 3-9　选单技巧

在实际模拟经营选单过程中，各小组时间紧、任务重，容易错过满意的订单。因此，这里为读者们整理了一些选单时需要注意的技巧。

第一，最好不要卡着最后的时间点击订单并确认，因为服务器发布订单时间和电脑终端选单时间会有一定的误差，可能由于电脑卡顿而错失选单。

第二，对于不合适的订单，如企业无法按时生产足够数量的产品等，可以选择放弃，即在规定时间内不进行选单操作或直接点击"放弃选单"。但是，放弃选单等于放弃了该市场上该产品的所有选单机会，也就是说，如果小组有第二轮选单机会，不管第一轮选单时因为何种原因没有选到单，那么该小组都将无法进行第二轮选单，对该市场该产品投放的广告费就成为沉没成本了。

情景案例：
市场环境与
选单

第三，选单时，如果后台开设了两个市场同时竞单的功能，那么各小组要特别注意有两个市场在同时进行选单的情况，否则很容易漏选市场订单。

第四，系统按照选单顺序先选第一轮，一轮每一家企业只能选择 1 张订单。如果一轮选单过后仍然有订单剩余，在广告费足够的情况下可再次依序进行选单。

四、存货的处理

（一）传统理论与实务

商品销售不畅、大量积压时，会使企业库存结构出现极不合理的状况，易导致企业资金周转不灵、经济效益下降。企业在处理积压库存商品时，经常采用的一种手段就是将多余的材料或者未接到订单的产品降价处理、折价销售。及时清理库存商品，给予一定的商业折扣，按照未来市场需求合理调整库存是寻找产品供求平衡的常见的办法。虽然企业受到了损失，但是从长远利益来看，"货不停留利自生"，商品周转速度快，可以最大限度实现资金流动，使企业获得更多的利润。

降价出售在会计中称为商业折扣，即企业为了促销而在商品标价上给予的折扣优惠。在商业折扣下，商品的实际销售价格是从商品标价中扣减商业折扣后的净额，即发票金额。因此，企业应收账款的入账金额也应按扣除商业折扣以后的实际售价加以确认。

以服装行业反季节销售为例，很多服装企业会推出"夏装冬卖，冬装夏卖"活动，并给予一定折扣优惠的销售策略，以清理库存、缓解资金压力等。由于服装产品较强的季节适应性、市场需求变化复杂等原因，即使服装企业做了充分的市场预估，仍然可能面临生产过剩致使服装产品积压。企业以较大折扣的优惠吸引到更多的消费者，增加销售收入，加强了资金的流动性。可以说，存货虽然以低于正常市场价的价格出售承担了一定的损失，但是相比留货待售，更能帮助企业迅速清空库存，回笼资金，适应市场变化。

（二）商战模拟

在商战模拟中，企业出现资金极度短缺时，会选择将存货变卖。如果银行贷款和应收账款贴现都无法满足资金缺口，企业可以考虑库存拍卖，将原材料和产品低价售出。库存拍卖只能拍卖两种物品：一种是已购买入库的原材料，另一种是已生产完成的产品。

库存出售一般会在成本的基础上打折销售，出售价由教师/裁判在参数设置中设定。由于折价率是基于原材料和产品的成本价计算的，拍卖产品并不能增加企业利润，甚至会减少企业的所有者权益。

在商战规则中，原材料不是即买即用的，而是需要提前采购。下原料订单时，不会立刻对材料款进行现金支付，而是作为企业经营活动中应该但尚未支付的款项，即形式为企业的应付账款，在原材料实际入库时才进行现金支付，抵销相应的应付账款。原材料入库之后，企业才能对原材料库存拍卖、出售，原材料的拍卖价格由商战规则而定。企业使用原材料进行生产后，向市场提供被消费和被使用的物品。不同种类和数量的原材料经过生产线的加工之后，转变成不同的产品。订单量不能满足生产的产品时，就会发生产品库存。当期不能销售出去的库存产品会占用企业资金，出售库存商品可以帮助缓解企业的资金压力，为企业带来一定的现金流入。

根据表3-4，产品处理折扣为100%，可以理解为是原价出售，这对企业是有利的。产品按照成本价售出就能回笼现金，但这会对企业后续选单或交货产生一定的影响。而原材料的处理折扣为80%，即处理时材料80%的成本价回笼为现金，20%的成本价将计入当期"损失"，抵减本期收入。

表3-4　　　　　　　　　　　　　　库存拍卖规则

项目	折扣
产品	100%
原材料	80%

专栏 3-10　出售库存的具体操作流程

「界面介绍」"库存数量"表示现存的、可以出售的产品和原料数量；"销售价格"为打折扣之后的销售价格；"出售数量"指根据需要在文本框内输入相应数量。

［操作］该操作随时可进行，点击主页面下方操作区中菜单"出售库存"，弹出"出售库存"对话框如图 3-8 所示，显示当前企业的原料、产品的库存数量以及出售价格，在出售数量一列输入数值，点击确定即可。

图 3-8　出售库存操作图示

专栏 3-11　现金流入情景案例

随着比赛进程的深入，U04 小组开始了第三年的创业之旅。U04 小组第二年的经营状况不是很好，希望在第三年可以扳回一局。然而，在面对有产能和有利润的两种订单类型时，他们犯了难，不知道该如何抉择。于是，大家发表了各自的看法并相互讨论，权衡之下，选出了认为较符合公司实际情况的一类订单。在解决选单这个难题后，U04 小组却被告知该小组已经破产了。此时，U04 小组明明还有现金余额，为什么公司又会破产呢？小组成员们又积极讨论着公司破产的原因。

U04 小组第三年的创业之旅

　　当现金源源不断地流入企业，你是不是感觉心里踏实很多，不愁施展拳脚，大干一场，有一种天不怕地不怕的感觉了。总结一下，本章讲到的现金流入有四个来源：首先是企业运营一开始，股东就有注资金额；其次，小组还可以自行决定是否再对外进行融资借款，充实金库；再次，忙活半天，企业终将找机会将自己生产的产品销售出去，获取现金流入；当然，在必要的时候，企业也会通过处理或变卖自己的资产来获得现金维持运营。看看图 3-9，结合会计的六大要素，再想想这些流入的具体来源和获取它们的规则。也许你会说，光是现金流入进企业了，那会不会有现金流出企业呢？能这样思考问题，就对了，流入与流出必须循环起来，才能推动企业的健康发展。那现金流出在企业模拟运营中是怎样的呢？让我们来看看第四章吧！

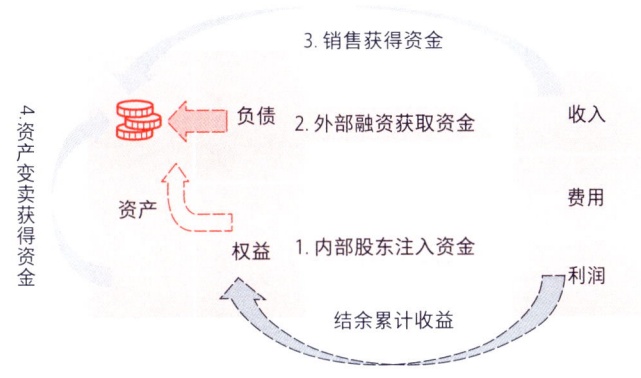

图 3-9　模拟运营之现金流入概述

第四章　模拟运营之现金流出

企业运营处处都需要用钱，现金流出是指企业经营和投资时的资金支出，也包括企业偿还融资时的资金流出。在商战运营中，现金流出集中在三个方面：第一，流动资产投资——投资项目所需的存货、货币资金和应收账款等所占用的资金；第二，固定资产投资——购入或建造固定资产的各项资金支出；第三，营运成本——经营过程中所发生的生产成本、管理费用和销售费用等[①]。本章将从以上三个方面入手，介绍企业模拟运营中现金流出的五个主要项目，分别为采购、生产、产能、研发费用和信息费用。

第一节　采　　购

一、采购的传统理论与实务

在市场经济中，采购指企业在一定的条件下从供应市场获取产品或服务作为自己的资源，为满足自身需要或保证生产、经营活动正常开展的一项活动。

采购一般分为三种形式，分别为日常采购、战略采购和采购外包。日常采购是指采购人员根据确定的供应协议和条款，以及企业物料需求的时间计划，通过采购订单向供应方发出需求信息，并安排和跟踪整个物流过程，确保物料按时到达企业，它强调"单一最低价格成本"[②]；战略采购是指以最低总成本建立服务供给渠道的过程，它强调"最低总成本"；采购外包则是指企业在聚力自身核心竞争力的同时，将全部或部分的采购业务活动外包给专业采购服务供应商，因为专业采购供应商可以通过自身更具专业的分析和市场信息捕捉能力，来辅助企业管理人员进行总体成本控制，降低采购成本，提高采购效率。

实际经营企业中，ERP 系统对企业采购环节起到了至关重要的作用，通过在 ERP 系统中对库存货位管理、账务管理、调拨管理、库存预警及库龄分析管理和寄售物资管

---

① 何盛明. 财经大辞典（下卷）[M]. 北京：中国财政经济出版社，1990.
② 龚国华，吴嵋山，王国才. 采购与供应链 [M]. 上海：复旦大学出版社，2005.

理，加强了对采购和库存的管理，保障了生产现场物资的供应，降低了人力和资金成本，提高了工作效率[①]。

二、采购在商战中的模拟

（一）日常采购

在 ERP 模拟经营沙盘中，采购由采购总监完成，形式主要为日常采购。采购总监根据公司自身产品设计和生产计划进行原料配比，制订相应的采购计划，确保生产环节正常推进。

根据表 4-1 规则可见，企业原材料一般分为 R1、R2、R3、R4 四种（R 指 Raw Material，原材料），不同原材料购买单价相同，但购买提前期不同。其中，R1、R2 原材料需提前 1 个季度订购，在 1 个季度后，材料入库并支付材料款；R3、R4 原材料需提前 2 个季度订购，在 2 个季度后，材料入库并支付材料款。原材料采购款运作流程如图 4-1 所示。

表 4-1 商战模拟中原材料规则

名称	购买单价（万元）	提前期（季）
R1	10	1
R2	10	1
R3	10	2
R4	10	2

图 4-1 原材料采购款运作流程

从规则中可以发现，决定原材料的关键是购买单价和提前期，所以在模拟经营中对采购数量的确定和时间的把控是最为关键的两个部分。

从订购数量来说，材料订购数量由后期生产需要来决定，订购多了会造成现金占用，订购少了则不能满足生产需要，会造成生产线停产，甚至不能按期完成产品交货，导致产品订单违约。

---

① 梁金忠，姬爱玲，苗亚飞. ERP 在企业采购及库存管理中的重要性〔J〕. 中国管理信息化，2017，20（03）：47-48.

从时间安排来说，由于入库时间和支付时间的差异，原材料的采购会直接影响当期现金流情况，时间过早未能将资金使用达到最优化，时间过晚则可能影响生产计划，甚至影响订单销售。

因此，采购总监应该朝着现金使用最优化的方向，合理规划采购计划，做到不留库存、正常生产、预算优化。具体可以参考第五章的预算工具，辅助负责采购的人员进行规划。

（二）紧急采购

沙盘模拟经营中还存在另外一种采购模式——紧急采购。紧急采购是指当到达该生产期间时，企业发现缺少少量原材料，或者订单交付日到期时产品量不足，从而采取的紧急采买的活动。紧急采购的特点是随时进行、即买即用、立即支付。但是紧急采购价格会高于原成本价格。这个差额由教师端进行参数设定，一般原材料紧急采购价格为原价2倍，产品价格为直接成本的3倍。企业紧急采购时，支付成倍数的采购价格，存货按照原价格入账，原价格与支付价格之间的差异计入当期"损失"，抵减收入。

情景案例：
紧急采购

当然，任何事物都具有两面性，紧急采购会成为影响生产经营的致命因素，导致现金流断裂或者利润大幅降低，但是灵活地运用紧急采购这一方式也可以应对和缓解商战模拟经营中的操作失误、市场选单因素的不利影响等不可预计的变化。企业在面临决策时，应该量化发生损失的大小，选择损失相对较小的方案。具体请参考本节"四、采购的拓展案例"。

三、采购的操作流程

（一）订购原材料

点击主页面下方操作区中菜单"订购原料"，弹出"订购原料"对话框，如图4-2所示，显示原料名称、价格以及运货周期信息，在数量一列输入需订购的原料量值，点击确认即可。

需要注意的是，"订购原料"步骤一经填入确认，该功能按钮会消失，不能再次订购。运营小组在填写采购信息时应谨慎。如若一定需要重新填写，可到裁判端，向教师申请操作还原操作，重启此步骤的填写。一般来说，商战中，允许还原的机会不多，多次还原还可能计入扣分项目。

（二）更新原材料库

点击主页面下方操作区中菜单"更新原料库"，弹出"更新原料"对话框，如图4-3所示，提示当前应入库原料需支付的现金。确认金额无误后，点击确认，系统扣除现金并增加原料库存。

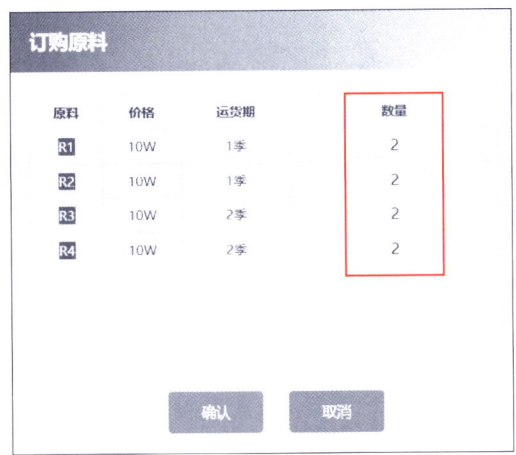

图 4-2 订购原材料操作图示

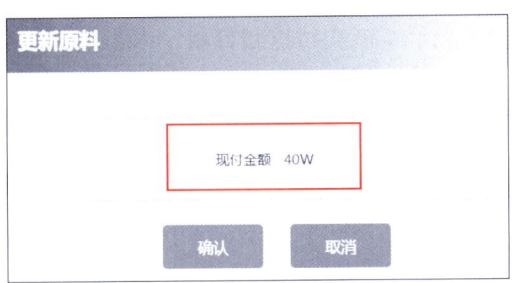

图 4-3 更新原材料操作图示

四、采购的拓展案例

【例 4-1】日常采购

U01 在第二年第一季度（Y2Q1）计划生产 2 个 P2、2 个 P3，在某规则下的产品结构如表 4-2 所示。为了满足生产需要，U01 应该在第一年第三季度（Y1Q3）采购 4 个 R3、2 个 R4，在第一年第四季度（Y1Q4）分别采购各 2 个 R1 和 2 个 R2。对应的原材料的采购情况如表 4-3 所示。

表 4-2   U01 的产品结构表   单位：个

构成	R1	R2	R3	R4
P1	1			
P2		1	1	
P3	1		1	1
P4		1	1	2

表 4-3   U01 的采购表   单位：个

第 1 年	R1	R2	R3	R4
Q1				
Q2				
Q3			4	2
Q4	2	2		

【例 4-2】紧急采购原材料

假设 U01 有一张 P1 的订单，数量是 1 个，定价为 40 万元，交货期为四季度（Q4）。在第三季度初，U01 本打算用柔性线生产 P1，突然发现缺少原材料 R1，如果违约需要交罚订单金额的 20%，该怎么办呢？

［提问］：可以直接进行正常采购吗？

［回答］：这时采购 R1 已经不能交付这张订单，因为原材料到货还需要一个季度。

［提问］：是否应该进行紧急采购呀？违约和紧急采购，哪种办法的损失更小？

办法 1：违约这张订单，违约金为 40×20%=8（万元）；

办法 2：紧急采购一个 R1 进行生产，采购价格为原价格 2 倍，即 20 万元。P1 的生产成本为材料价格（10 万元）＋人工成本（10 万元），共 20 万元。这笔订单的毛利是 20 万元（40-20），再减去紧急采购多支付的成本 10 万元，这张订单贡献是 10 万元。

如此比较，办法 2 更为合适。但如果这笔订单总价为 20 万元，那么办法 1 带来的损失会更小。

【例 4-3】紧急采购产品

企业在交货期，发现库存商品数量不足以支付订单需求数量时，可能会发生紧急采购。例如，U02 有一张交货期是第二季度，数量是 4 个 P3，定价为 360 万元的订单。此时 U02 正处于第二季度末，交单时发现，库存 P3 只有 3 个，如果违约需要交罚订单金额的 20%，该怎么办呢？

办法 1：如果 U02 不交付这张订单，将面临 360×20%=72（万元）的违约金亏损；

办法 2：如果选择紧急采购一个 P3，若产品紧急采购价为原价的 3 倍，一个 P3 的生产成本为 40 万元，那这张订单 U02 可以获利为：360-40×3-40×3=120（万元）。

可见办法 2 可取。

假设 U02 发现需要购买 3 个 P3 才能交货，那么紧急采购 P3 下的获利为：360-40×1-40×3×3=-40（万元），亏损额比违约金少，依然可以考虑紧急采购。

所以，面对是否要紧急采购产品或原材料，不应主观臆断，而应充分考虑多种情况，采取令企业损失最小的方案。

第二节 生 产

一、生产的传统理论与实务

生产，在经济学中是指将投入转化为产出的活动，或是将生产要素进行组合以制造产品的活动。生产环节最关键的两个要素是产品本身和生产成本。

不同的行业和企业，对于产品的设计和选择都不尽相同。例如，第一章里提到的瑞幸咖啡，作为新零售的代表，他们的产品主要针对大众群体，强调"专业咖啡新鲜式"；而星巴克的产品则主要针对白领和社会精英人士。因此，对产品的定位不同，也会影响企业整体生产经营乃至销售的总体规划。

在企业实际生产过程中，生产成本包含的内容十分广泛。生产成本是生产过程中各种资源利用情况的货币表示，是衡量企业技术和管理水平的重要指标。生产成本是指生产单位为生产产品或提供劳务而发生的各项生产费用，按照计入方式不同可分为直接费用和间接费用。直接费用包括直接材料（原材料、辅助材料、备品备件、燃料及动力等）、直接工资（生产人员的工资、补贴）、其他直接支出（如福利费）；间接费用又称制造费用，是指企业内的分厂、车间为组织和管理生产所发生的各项费用，包括分厂、车间管理人员工资以及折旧费、维修费、修理费及其他制造费用（办公费、差旅费、劳保费等）。

二、生产在商战中的模拟

在商战模拟中，生产主要是指由生产总监，根据厂房与生产线的情况，进行产品制造的过程，应同时满足以下四个条件：① 开始下一批生产时保证相应的生产线空闲；② 产品完成研发，具有相应的生产资格；③ 生产原料在库且充足；④ 投产用的现金足够，加工费用有预留。生产线和产品的研发将在本章第四节中讲解，这里主要介绍产品构成与生产成本的确定。

（一）产品

不同于实际生活里产品的复杂性，商战模拟中将产品共简化成了 4 种，分别为 P1、P2、P3、P4。每种产品所需要的原材料和开发时间不同，对企业总评分的影响分值也不同，它们的具体规则如表 4-4 所示。

表 4-4   商战模拟中产品的相关规则

名称	开发费（万元）	开发时间（季）	加工费（万元）	直接成本（万元）	分值（分）	产品构成
P1	10	2	10	20	7	R1
P2	10	3	10	30	8	R2+R3
P3	10	4	10	40	9	R1+R3+R4
P4	10	5	10	50	10	R2+R3+2R4

注：产品规则的设定可在后台系统裁判端由老师更改，一般情况下 4 种产品的开发费、开发时间、加工费较为固定，产品构成可变性强，直接成本可由其他因素决定。

根据产品规则，可以发现 P1、P2、P3、P4 共 4 种产品的开发时间、分值和产品构成都依次增加或逐渐复杂。产品构成越复杂，其生产成本越多，研发投入时间越长，被认为的综合潜力越高，所以加分分值也越高。企业在制订产品规划和生产计划时，应该将产品差异、自身企业的可能性，以及市场对不同产品的需求程度等因素综合考虑入内。

（二）生产成本

在模拟生产过程中，商战对企业的生产成本进行简化，即"直接成本"，仅包括直接材料费用和直接人工。当开始下一批生产操作时，系统会自动从原材料仓库领用相应的原材料，并从现金处扣除用于生产的人工费用，所以，生产成本的计算公式如下：

$$生产成本 = 产品需要的原材料成本 + 人工费用 \qquad （公式 4-1）$$

同时，结合第三章讲解的融资知识，生产这个环节会贯穿企业经营的全过程，在基本固定资产建成后，几乎每一期每一季度都需要进行生产，那在这种短期定额的流动资金需求下，生产建设投资与短期融资应相配比，并且根据每期需要的现金量来决定短期贷款金额，增加资金的流动性，降低成本利息。

三、生产的操作流程

在满足了生产的四个必备条件之后，则可以点击主页面下方操作区中菜单"开始生产"，弹出"开始下一批生产"对话框，如图 4-4 所示，显示可以进行生产的生产线信息。勾选要投产的生产线，点击确认即可。

四、生产的拓展案例

【例 4-4】根据表 4-4，P2 的直接成本是如何计算的？

［分析］P2 产品所需原材料为 R2+R3，根据表 4-1，则直接材料费用为 10×2=20（万元），同时加工费用即为人工成本 10 万元，于是综合计算得出为直接成本 =20+10=30（万元），即为该规则下 P2 的生产成本。

想巩固和深入了解商战中原材料和产品的知识，可扫描二维码继续学习。

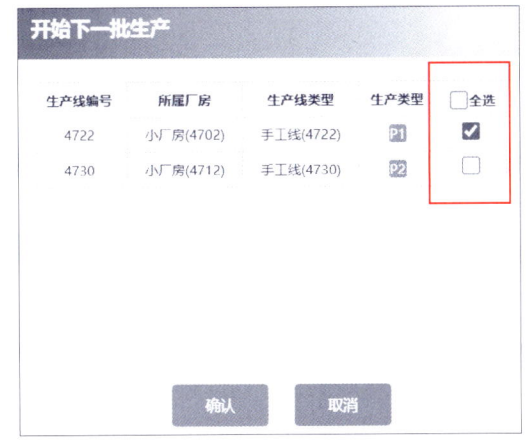

参照中国大学 MOOC →综合能力训练（ERP 模拟经营沙盘）→第一讲 企业模拟运营——ERP 沙盘基础讲解→1.5 原材料和产品

图 4-4　开始生产操作图示

第三节　产　　能

一、产能的传统理论与实务

产能即生产能力，是指在计划期内，企业参与生产的全部固定资产，在既定的组织技术条件下所能生产的最大产品数量，或者能够处理的原材料数量[①]。生产能力能够反映企业所拥有的加工能力，也可以反映企业的生产规模。总之，生产能力是反映企业生产可能性的一个重要指标。

产能也是国家产业政策中重要的指标内容。产能严重过剩越来越成为我国经济运行中的突出矛盾和诸多问题的根源，中央经济工作会议把"去产能"列为 2016 年五大结构性改革任务之首，并明确了"多兼并重组，少破产清算"的思路，所以产能的规划也是作为会计专业学生需要认真掌握的内容。

二、产能在商战中的模拟

产能在模拟经营中是企业进行生产，完成所选订单的关键因素。产能不仅关系企业所能选择的订单情况，也决定了本期的具体营业额和营业利润。

一般来说，产能大可以选择更多订单，销售更多产品；产能小，则可能缺乏市场竞争力，影响企业市场规模和市场影响力。在后期经营，产能不足，撬动利润不力，现金吃紧，继而无法参与市场竞争；产能过大，同样也可能会超出企业承受范围，导致存货

[①]　陈志祥. 生产运作管理基础［M］. 北京：电子工业出版社，2010.

积压无法盈利。

产能的客观决定因素主要是厂房和生产线的选择，本节将从这两个方面分析。

（一）厂房的选择

模拟沙盘中，厂房类型分为大厂房、中厂房和小厂房，不同的厂房所容纳的生产线个数相应不同。厂房的订购方式分为购买或租用，每季度均可操作，若选择购买，则需一次性支付购买价款，无后续费用；若选择租用，则需每年支付租金，租金支付时间为租用当时以及以后每年对应季度的季末。商战模拟经营中厂房的相关规则见表4-5。

表 4-5   商战模拟经营中厂房的相关规则

名称	购买价格（万元）	租金（万元/年）	出售价格（万元）	容量	分值
大厂房	450	45	450	5	0
中厂房	400	40	400	4	0
小厂房	330	33	330	3	0

注：厂房规则的设定可在后台系统裁判端由老师更改，不同的模拟经营中购买价格、租金、出售价格、容量等都可以视情况调整变动。

此外，商战模拟经营中厂房还可以进行买转租和租转买的操作。所以，厂房大小和拥有方式的选择都会影响企业产能，它们和企业的生产计划、资金运转息息相关。教师一般将厂房的分值设置为0，同时也不计算其折旧。不是因为厂房不具备综合潜力，相反，厂房是企业生产的必备要素。只是根据经营数据，在运营前期对厂房进行租用会更好支撑经营过程，且厂房也不设定折旧金额，因此也不设定计分。

（二）生产线的比较

生产线知识讲解

生产知识讲解

商战模拟经营中，生产线共分为手工线、租赁线、自动线和柔性线。各种生产线的购买价格、安装周期、生产周期、转产周期、残值、折旧每期规则也有一定区别，表4-6即是一种生产线规则，可供参考。每条生产线根据其参数设置，决定了它们各自不同的特点。

表 4-6   商战模拟经营中生产线的相关规则

名称	购买价格（万元）	安装周期（季）	生产周期（季）	转产费用（万元/次）	转产周期（季）	维护费用（万元/年）	残值（万元）	折旧费（万元/年）	折旧年限（年）	分值（分）
手工线	50	0	2	0	0	10	10	10	4	0
租赁线	0	0	1	20	1	55	-55	0	0	0
自动线	150	3	1	20	1	20	30	30	4	8

续表

名称	购买价格（万元）	安装周期（季）	生产周期（季）	转产费用（万元/次）	转产周期（季）	维护费用（万元/年）	残值（万元）	折旧费（万元/年）	折旧年限（年）	分值（分）
柔性线	200	4	1	0	0	20	40	40	4	10

注：① 安装周期为 0，表示即买即用；

　　② 生产线折旧时间均为 4 年，租赁线除外；

　　③ 不论何时出售生产线，价格为残值，净值与残值之差计入损失；

　　④ 只有空生产线方可转产；

　　⑤ 当年建成生产线需要交维修费；

　　⑥ 折旧采用平均年限法，建成第 1 年不进行折旧。

1. 短期优势线之手工线

特点 1：手工线具有购置费低、维护费低、折旧费低的特点。根据表 4-6 的规则设定，手工线的生产周期为两年，另外三种生产线的生产周期为一年。一般来说，两条手工线即可代替一条租赁线、或自动线、或柔性线。而结合手工线安装周期、转产灵活以及维修费少、折旧费低等方面的特殊性，短期而言，使用手工线是具有较大优势的。但其缺点也比较明显，手工线比其他线更占厂房容量，后期难以应对市场扩容后的订单增加，且经营中手工线生产速度缓慢，持续使用相对比较吃亏。

特点 2：手工线有利于拆线建线。从上述规则也可以看出，如果是自动线和柔性线，其作为加分线在经营中后期是会尽量保留的；如果企业前期铺设的是租赁线，那么在拆除租赁线时需支付一笔高额维修费；如果是手工线，并且手工线已经折旧完成，那么企业不需要支付任何费用，也不会有任何损失，反而会收取一笔现金，即手工线残值。但如果手工线处理时折旧没有完成，那么未计提的折旧将进入"损失"，即"营业外支出"科目，会造成企业极大的亏损。

特点 3：手工线可用于弥补较小的产能缺口。在订货会时，销售总监难免会出现疏忽，当企业取得订单需求超过企业现有产能时，在对比违约、紧急采购和加线生产的成本得出加线生产是最优方案后，企业可通过铺设一两条手工线弥补产能缺口。

2. 短期优势线之租赁线

特点 1：租赁线可弥补较大的产能缺口。租赁线和手工线都具有即买即用的特点，而相较于手工线而言，租赁线生产周期短，产能较大，所以当产能缺口较大时，就可以用租赁线来弥补产能缺口。这就产生新的运营思路，经营小组可根据企业的拿单情况再决定铺设几条租赁线，这样小组就不会在贷款配比、厂房租金、生产线铺设等企业战略中消耗精力，而是将小组精力集中在规划企业的产品组合、广告策略等规划战略上。如此不仅做到了"开源"，同时做到了"节流"。

特点 2：租赁线有利于企业迅速扩张。当企业需要进行扩张性生产时，可利用租赁线建设周期短、产能大的特点来进行快速扩张。需要特别注意的是，租赁线各项费用较高。虽然它没有折旧费，但是每年的租金，即维修费，高于其他生产线的折旧费。通常租赁线的退租需要在年度内进行，即空线后在年度内第四季度退租。如若在下一年度退，那么还会产生一次租赁费。所以企业在选择租赁线时必须确保自身有足够多的订单收入来支持，否则无异于饮鸩止渴，自取灭亡。

【实操小技巧 4-1   去留租赁线】

租赁线不同于稳定的自动线和柔性线，关于它的使用存在很多小技巧！一般来说，当我们使用租赁线达到厂房满线时，会考虑对租赁线拆除换线（如果有），此时我们会选择在年内第四季度进行租赁线的退租，因为租赁线不能给企业带来加分效应，同时这样可以避免产生维修费用。在信息披露上，租赁线退租当年的费用将从"设备维护费"转至综合费用表的"其他"项目内，对总额并不影响。

3. 长期优势线之自动线

相对于租赁线和手工线短期优势而言，自动线和柔性线更符合企业持续经营。但由

于自动线前期投资费用较高，影响前期利润，同时转产费用较高，所以应当注意将其和利润相对平稳的产品进行合理配比，避免后续转产带来的不必要损失。

4. 长期优势线之柔性线

柔性线作为长期优势线的其中之一，由于其前期投资高、转产方便的特点，可以将其和利润较高的产品进行配比。在满足这些高利润的产品订单之后，再依次满足利润高的其他产品订单。高效的配比，会使柔性线的收益达到最高。

三、产能的操作流程

产能涉及厂房和生产线两个部分的操作，其中，厂房操作主要是选择购买或租用，

并随着企业的进展，厂房可能会由买的状态变为租，称为"买转租"，或者是由租变成买，称为"租转买"。生产线的操作内容主要为新建、在建、转产、出售。如果生产线清空，厂房也可能会面临变卖或者退租。

（一）厂房的处理

点击主页面下方操作区中菜单"购租厂房"，弹出"购租厂房"对话

框，如图4-5所示。点击下拉框选择厂房类型，下拉框中提示每种厂房的购买价格、租用价格等。选择订购方式，买或租，点击确认即可。

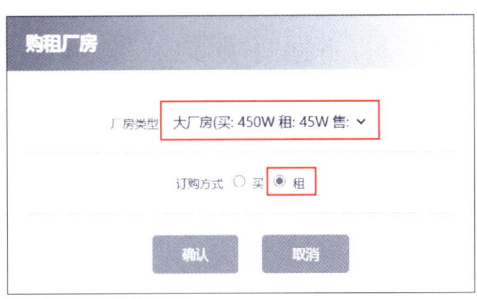

图4-5 购租厂房操作图示

在厂房初始购买或租赁之后，根据企业战略的调整，可以进行后期的卖出（买转租）、退租、租转买、厂房贴现操作。

厂房租入一年后可以选择续租，即不做任何处理，系统会在满年的季度末自动扣除租金。模拟企业也可以将厂房作租转买、退租等处理。退租指的是企业将之前租赁的厂房退掉，但是，在退租之前需要清空厂房中的生产线。租转买是将之前租赁的厂房退租重新购买，之前的生产线自动保留。

如果企业选择将厂房处理掉，比如卖出后租用（买转租），指的是将企业之前购买的厂房卖掉重新租赁厂房，厂房中所含的生产线会自动转移到租赁的厂房中。

具体操作内容如下：每年第一季度末，点击主页面操作区中菜单"厂房处理"，弹出"厂房处理"对话框，如图4-6所示。弹出框显示企业当前已经购买的厂房和所含生产线等信息，勾选决定卖出的厂房，点击确认即可。

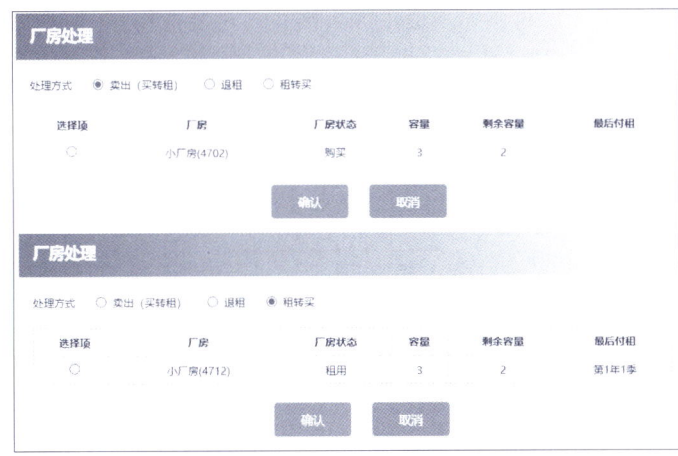

图4-6 厂房处理操作图示

厂房出售将得到 4 个账期的应收款，如果企业急需现金，企业可以把厂房出售得到的应收款贴现。厂房贴现是紧急情况下将厂房卖出并将应收账款贴现，直接得到现金。

具体操作内容如下：点击主页面下方操作区中菜单"厂房贴现"，弹出"厂房贴现"对话框，如图 4-7 所示。弹出框显示企业当前已经购买的厂房和所含生产线信息，勾选决定卖出的厂房，点击确认即可。

图 4-7   厂房贴现操作图示

（二）新建生产线

新建生产线是指在已买或已租厂房中选择某种类型的生产线进行建设，具体操作内容如下：点击主页面下方操作区中菜单"新建生产线"，弹出"新建生产线"对话框，如图 4-8 所示。选择放置生产线的厂房，点击"类型"下拉框，选择要新建的生产线类型，下拉框中有生产线购买的价格信息，选择新建的生产线计划生产的产品类型，点击确认即可。新建多条生产线时，无须退出该界面，可重复操作。

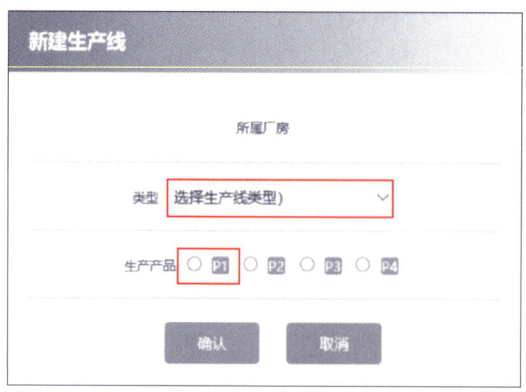

图 4-8   新建生产线操作图示

（三）在建生产线

在建生产线是指生产线的安装周期通常大于等于一个季度，不同的生产线安装时期也不同，生产总监需要在每一个周期内进行在建生产线的推进，选择需要继续投资建设的生产线。

具体操作内容如下：点击主页面下方操作区中菜单"在建生产线"，弹出"在建生产线"对话框，如图4-9所示。弹出框显示需要继续投资建设的生产线的信息，勾选决定继续投资的生产线，点击确认即可。

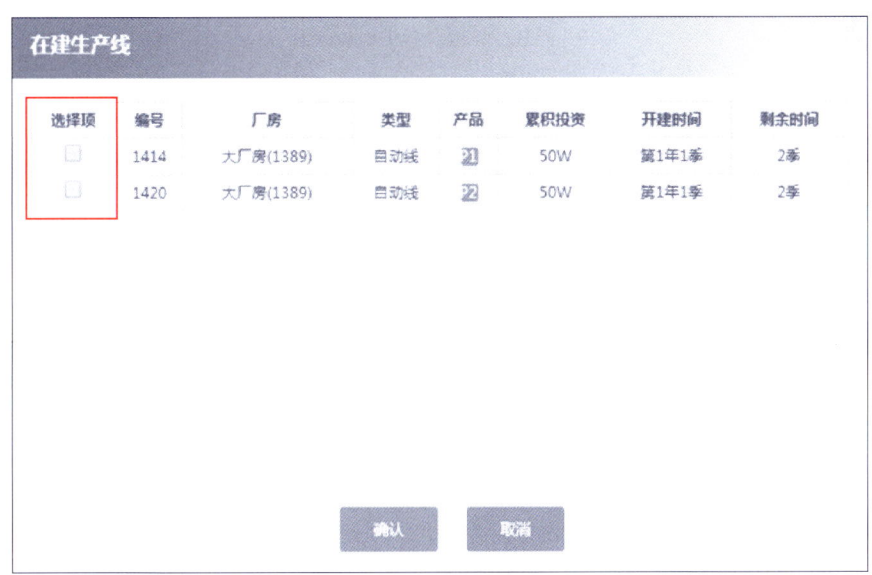

图 4-9　在建生产线操作图示

（四）生产线转产

生产线转产是指运营小组在生产线建设时已确定了生产产品的种类，但企业在运营过程中，为保证不同产品数量的订单按时交货，可能会对生产线生产的产品进行适当的转产操作。转产时要求该生产线处于待生产状态，即没有在制品，否则系统不允许该生产线进行转产操作。

具体操作内容如下：点击主页面下方操作区中菜单"生产线转产"，弹出"生产线转产"对话框，如图4-10所示。弹出框中显示可以进行转产的生产线信息，勾选转产的生产线以及转线要生产的产品，点击确认即可。

（五）出售生产线

当生产线空置时需要出售该生产线，即没有在制品时进行出售。出售时按残值收取现金，净值（生产线的原值减去累计折旧后的余额）与残值之间的差额作企业损失，即已提足折旧的生产线不会产生出售损失，未提足折旧的生产线必然产生出售损失。

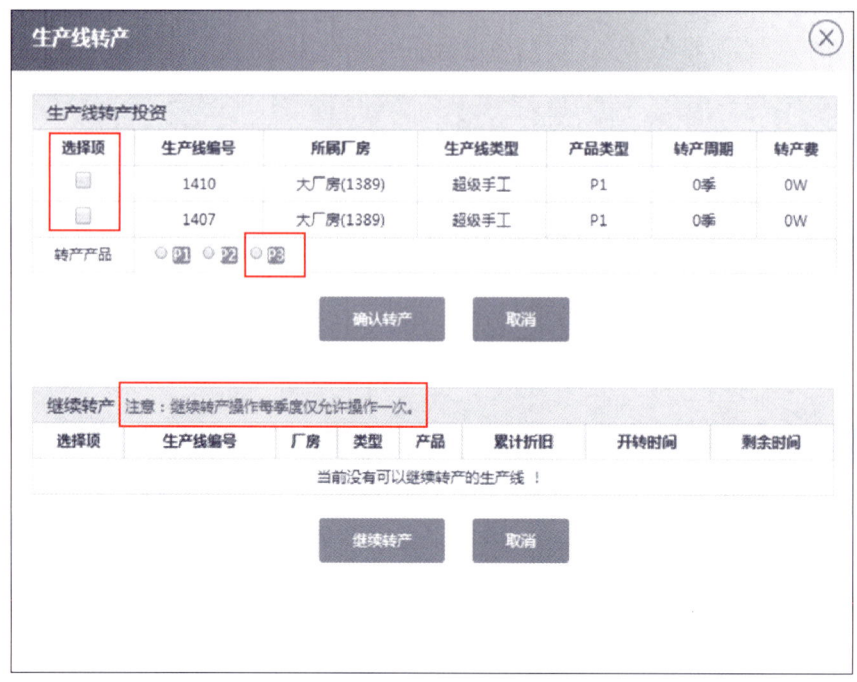

图 4-10   生产线转产操作图示

具体操作如下：点击主页面下方操作区中菜单"出售生产线"，弹出"出售生产线"对话框，如图 4-11 所示。弹出框中显示可以进行出售的生产线信息，勾选要出售的生产线，点击确认即可。

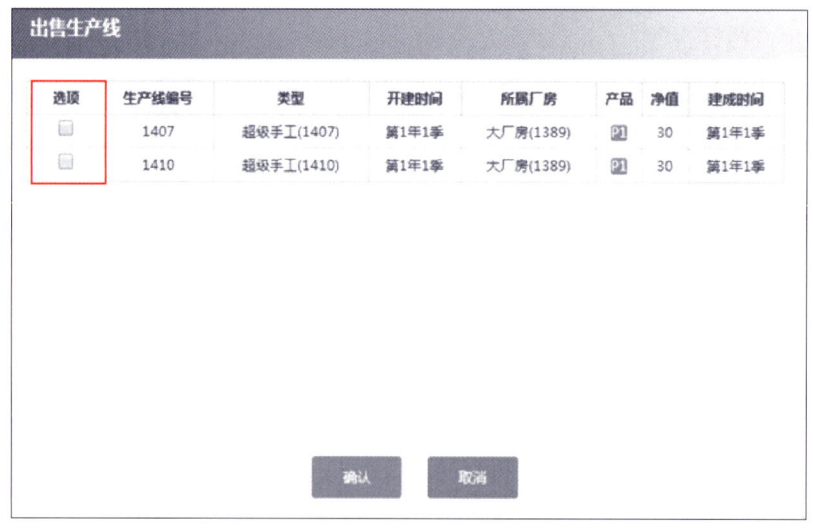

图 4-11   出售生产线操作图示

四、产能的拓展案例

【例4-5】厂房：假如U01在第1年第二季度（Y1Q2）选择租入1个大厂房，该在什么时候支付租金呢？

［分析］：U01需要在第1年第二季度租入时支付第1年租金，以后每年的租金由系统自动在第二季度末支付。

【例4-6】生产线：根据上述生产线规则（表4-6），假如U01的生产总监在第一年第一季度（Y1Q1）建了3条手工线，在第二年年末时出售2条手工线，则企业通过出售手工线获得的现金是多少？是否给企业造成了损失？如有损失，损失是多少？

［分析］：手工线的残值即为出售所得的现金，此时企业共得现金 $2 \times 10 = 20$（万元）。

参照中国大学MOOC→综合能力训练（ERP模拟经营沙盘）→第一讲 企业模拟运营→ERP沙盘基础讲解→1.4生产线/1.3厂房

由于手工线建设需要1季，自第二年开始计提折旧。在第二年年末卖出则共使用了2年，计提折旧1年，剩余未折旧金额即为给企业带来的损失，共为60万元［2（条）×3（年）×10（万元/条）］。

第四节　研　发　费　用

一、研发费用的传统理论与实务

研发费用是指研究与开发某项目所支付的费用。我国针对研发费用的规范主要是《企业会计准则第6号——无形资产》和《中华人民共和国企业所得税法》。我国会计准则对研发费用的处理分为两大部分：一是研究阶段发生的费用及无法区分是研究阶段还是开发阶段的研发支出全部费用化；二是企业内部研究开发项目开发阶段的支出，能够证明符合无形资产条件的支出资本化，分期摊销。

二、研发费用在商战中的模拟

研发费用具体在商战模拟中，主要体现为三大部分：产品研发、ISO资质认证和市场开拓，并且均计入当期综合费用表影响当期损益，不存在资本化的会计处理，但是最终在计算企业经营总得分时，该三大板块的研发内容会影响总得分情况。

（一）产品研发

市场研发知识讲解

产品研发是指通过研发产品获得生产该产品的资质。在商战模拟中产品研发是按照季度来投资的，每个季度均可操作，中间可以中断投资，直至产品研发完成，此时才能开始生产。不同产品的研发时间也不同，企业应该合理制订生产计划，将生产线建设时间和产品研发时间进行有效、合理的匹配，避免出现生产线建成但未具有生产资质，从而空置生产线的情况。

具体规则可见第四章第二节——生产中关于表 4-4 商战产品规则内容。

（二）ISO 资格认证

ISO（International Organization for Standardization，国际标准化组织）资格认证主要是指产品质量（ISO 9000）认证和产品环保（ISO 14000）认证。企业若想在订货会上选取带有 ISO 资格认证的订单，必须取得相应的 ISO 认证资格，如果未研发这两个资格，未取得完整的资质认证，则不能选取该订单。

ISO 投资规则见表 4-7 所示，该投资需每年年末进行一次，可中断投资，直至 ISO 投资完成，且在完成投资的下一年初可以选取带有 ISO 资格要求的订单。

表 4-7　　　　　　　　　　　商战模拟中 ISO 资格认证的相关规则

名称	开发费（万元/年）	开发时间（年）	分值（分）
ISO 9000	10	2	8
ISO 14000	20	2	10

注：① 开发费用在年末平均支付，不允许加速投资，但可以中断投资。
　　② 开发完成后，领取相应的资格证。

（三）市场开拓

ERP 中的销售市场包括本地市场、区域市场、国内市场、亚洲市场和国际市场这五大市场。市场开拓是企业进入相应市场投放广告、选取产品订单的前提，企业应当根据自身生产经营安排计划，结合市场需求和价格预测数据，在资金流合适的情况下合理选择市场进行开拓。

市场开拓规则如表 4-8 所示，可在每年第四季度末操作一次，中间可中断投资。在完成市场开拓的下一年年初，则可以在相应的市场间进行订单选择和广告投放。

表 4-8　　　　　　　　　　　商战模拟中市场开拓的相关规则

地域	开发费（万元/年）	开发时间（年）	分值（分）
本地	10	1	7

续表

地域	开发费（万元／年）	开发时间（年）	分值（分）
区域	10	1	7
国内	10	2	8
亚洲	10	3	9
国际	10	4	10

注：① 开发费用按开发时间在年末平均支付，不允许加速投资。
　　② 市场开发完成后，领取相应的市场准入证。

【实操小技巧 4-2　给竞单上保险】

　　如果企业在后期具有较充足盈余的资金，可以考虑研发更多的产品，将 ISO 资格认证和市场开拓都尽力开发了哦，这些都可以增加企业的最终得分的！

三、研发费用的操作流程

（一）产品研发

　　点击主页面下方操作区中菜单"产品研发"，弹出"产品研发"对话框，如图 4-12 所示，勾选需要研发的产品，点击确认。

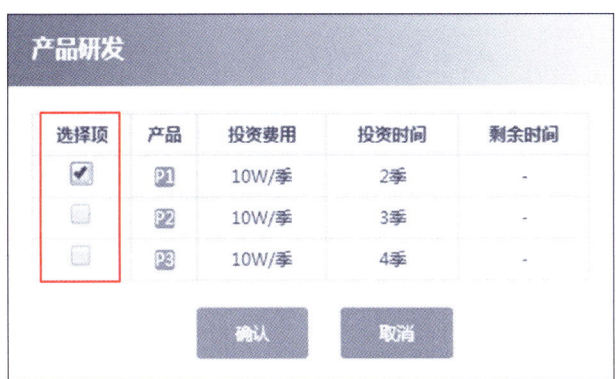

图 4-12　产品研发操作图示

（二）ISO 资格认证

　　该操作只在每年第 4 季度才出现，属于年末操作内容，按年投入研发费用。点击主页面下方操作区中菜单"ISO 投资"，弹出"ISO 投资"对话框，如图 4-13 所示，勾选需要投资的 ISO 资质，点击确认即可。

图 4-13   ISO 认证操作图示

（三）市场开拓

和 ISO 资格认证研发一样，该操作只在每年第 4 季度才出现。点击主页面下方操作区中菜单"市场开拓"，弹出"市场开拓"对话框，如图 4-14 所示，勾选需要研发的市场，点击确认即可。

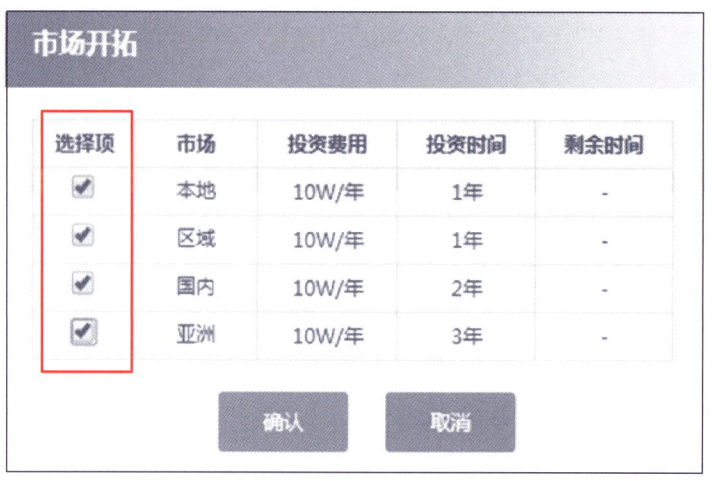

图 4-14   市场开拓操作图示

四、研发费用的拓展案例

【例 4-7】产品研发：用表的形式表达 P1，P2，P3 三个产品的研发进度。参考规则见表 4-4 和图 4-12，假设 U01 在第 1 年第 1 季度（Y1Q1）开始同时研发上述 3 种产品，且中间不中断研发，那么 U01 具体每个季度的研发情况如何呢？什么时候支付研发费用？何时可以开始进行产品生产？

详见表 4-9 所示。

产品	Y1Q1	Y1Q2	Y1Q3	Y1Q4	Y2Q1
P1	10	10	研发完成		
P2	10	10	10	研发完成	
P3	10	10	10	10	研发完成
总额	30	30	20	10	0

表 4-9　　　　　　　　　研发具体时间过程　　　　单位：万元

情景案例：
研发那些
事儿

第五节　信息费用

一、信息费用的传统理论与实务

信息费用在实务中也被称为信息成本，它同实物资产、人力资产、技术、财务资源及知识一样，是经济发展必不可少的生产要素。在多数情况下，信息并不构成企业产品实体，这与人力不构成产品实体的道理是一样的。信息产品的品种纷繁多样，信息对不同的消费者也有不同的价值，不管信息的具体来源是什么，人们都愿意为获得信息付出代价。

信息是企业的一种必不可少的生产要素，但是在生产经营中避免信息资源浪费也是企业财务控制的重要环节，在获取信息费时，需要判断市场走势和获取信息的必要性，结合自身财力基础，合理使用获取信息的功能。

二、信息费用在商战中的模拟

在沙盘模拟经营中，信息收集与费用支付是通过操作区下方"间谍"功能来实现的。"间谍"功能可以获得两种信息，一种是自己公司的信息，另一种是其他组别公司的信息。每个小组的财务数据显示在综合费用表、利润表和资产负债表中，会由裁判端定时下发。但关于生产等具体信息则需要使用间谍功能或到竞争对手的盘面上进行搜集。

对于自己公司的信息是可以免费获取的，公司自身可以通过 Excel 形式查阅或保存公司经营数据；若要查看其他公司的信息，则需支付规则里规定的一定间谍费，才能以 Excel 形式查询其他公司任一组的数据。间谍费用通常由教师端进行设置，一般为 1W/ 组。

【实操小技巧 4-3　信息费用的使用】

信息费用的使用主要是为了获取其他公司的详细信息，既要研读三表（阅读方法详见第五章），也要获取其他公司的信息汇总，关注其他公司的生产线情况、库存产品和研发情况、资金长短贷情况等，通过这些可以分析出自己产品的主要竞争对手，信息分析对于广告的投放有很大的帮助。

三、信息费用的操作流程

点击主页面下方操作区中菜单"间谍"，弹出"间谍"对话框（图 4-15），确认下载即可。

图 4-15　信息费用（间谍）操作图示

专栏 4-1　现金流出情景案例

在教师端进行了股东注资之后，U04 小组成功运营到第三年，由于第三年产能增加第四年的订单也拿到了很多。关于第四年和第五年的生产计划，小组成员展开了讨论，最后决定采用增建租赁线和手工线来扩大产能。可是，在第四年年末 U04 小组又破产了，小组破产原因是什么呢，后面又会发生怎样精彩的内容呢？扫描下方二维码，了解更多 U04 小组第四年和第五年的创业之旅。

情景案例：
U04 小组第
四第五年的
创业之旅

即测即评

请扫描二维码，进行随堂测试。

温故而知新

在这里总结现金流出的逻辑结构如图 4-16 所示。

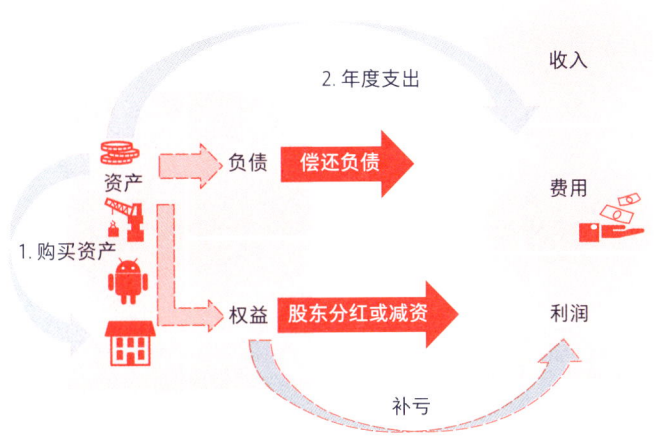

图 4-16　模拟运营之现金流出概述

也许你惊叹于，原来企业处处都在花钱。布局厂房和生产线得花钱，金额还不小；采购原材料，加工生产得花钱，而且支付的周期如此之短，压得人喘不过气。不仅如此，获得市场份额和产品资质，打探对手信息也要花钱。感觉还没有赚到钱，还贷款利息或是本金的压力又堆上来了。看着入不敷出的日子，别说回馈股东了，还得仰仗他们的初始投入来补亏，这多磨人啊！规则既是如此，我们也只能做好规划了，如何才能顺利推进，不让股东失望，也不让自己焦虑，你得学会运用工具——预算表。让我们进入下一章，认识一下这个神奇的工具吧。

拓展篇：预算走盘与综合解析

第五章　信息披露与预算

报表是对企业经营成果的检阅，报表填制可以将会计知识运用到企业实际操作中。同时报表的填制也是实现会计目标的过程，即向报表使用者提供据以进行经济决策所需的信息，是事后对历史数据的规范表达，也称"信息披露"。那么，在企业开始经营前，运营小组需要依据报表格式，对经营内容进行预算，为企业运营提供指导方向。信息披露主要是对企业过去发生的经济活动和现在的资产状况进行规范的总结和披露。加上预算的辅助，不仅给企业的管理者提供有效的决策信息，还能帮助管理者做出正确的决策。

本章介绍预算的编制、报表的填制和运营分析。以 U05 小组为例，以其第一年经营结束的情况为起点，对其第二年的经营活动进行规划，编制预算，并根据第二年的实际运营情况示例报表的填制。本章详细阐述 U05 第二年年初、第二年四个季度和年末的预算工具填写并且阐述三表（综合费用表、利润表和资产负债表）之间的勾稽关系。预算辅助工具以季度为单位、三表以年为单位进行填写和披露。

规则与市场示例

鉴于 ERP 模拟经营沙盘是一门对生产制造类企业经营活动的实操进行简化模拟的课程，因此本章所涉及的有关预算和信息披露的内容与实操有些许出入，但编制逻辑是一致的。

第一节　案例公司的前期信息披露

表 5-1、表 5-2 和表 5-3 展述了 U05 小组按照第三和第四章的具体运营规则进行的第一年运营情况。

从表 5-1 可以看到，无论小组的运营情况如何，管理费都是按季度缴纳的，也就是会计上称为的"固定支出"或"固定成本"。第一年不进行竞单，所以不产生广告费。设备维护或转产需要根据表 5-3 来观察，由于 U05 所有的生产线都还在建，所以不产生上述两项费用。此外，U05 租赁了一个中厂房花费 40 万元。从年度市场和 ISO 开拓的金额来看，U05 开发了所有市场和 2 个 ISO 资格认证。结合产品上来看，U05 进行了 P2 和 P3 的完整开发。由于信息费用规则设定为 0，所以无支出。而公司也没有进行紧急采购或变卖处理，也无"其他"金额。

从表 5-2 可以看到，因为没有竞单，不产生收入，U05 也没有开始生产，所以没有直接成本，即生产成本，毛利也为 0。综合管理费用来自表 5-1 的合计数。由于工程在建，没有计提折旧，所以也不产生折旧费。但是否产生了财务费用，即利息，需要根据表 5-3，查看负债栏。虽然存在短期借款，但商战模拟是到期还本付息，所以利息费用会在下一个会计年度结算，计入第二年的利润表。U05 现阶段还是亏损状态，不缴纳所得税。但并不是利润表中利润为正数了，就要缴纳所得税。所得税的缴纳是根据表 5-3 中所有者权益合计数超过初始投入 600 万元后的金额来计算。也就是说，公司赚得的利润需要先弥补亏损，累积超过初始净资产金额后，进行所得税计算。

从表 5-3 可以看到，其在建工程为 700 万元，说明 U05 小组铺设了大量的生产线。根据数字和通过间谍下载信息可以查阅到，U05 小组铺设了 2 条柔性线和 2 条自动线。生产线都使用了高级线，并将中厂房的容量用满了，这说明 U05 小组的生产能力很强，加上产品和 ISO 研发投入共 70 万元。因为企业对原材料是入库支付现金，入库才形成原材料，所以相应并没有计入应付账款科目。但从小组详细信息能看到，小组对材料是有订购计划的，说明小组打算在第二年一开始就进行生产，所以需要提前订原材料。同时，U05 小组进行了三次短贷，在第一年的第二季度和第三季度，分别贷款 29 万元，第四季度贷款 348 万元。因为系统中，利息计算是四舍五入，所以会出现贷款额度不是 10 的倍数，而会有金额设定规避利息费用的高升。初步判断：U05 小组是一家生产规模大且主打高毛利产品的公司，且在运营上采取了根据收入来制定投资的策略。

表 5-1   U05 第 1 年综合费用表   单位：万元

管理费	40
广告费	0
设备维护费	0
转产费	0
租金	40
市场准入开拓	50
产品研发	70

续表

ISO 认证资格	30
信息费	0
其他	0
合计	230

表 5-2 　　　　　　　　　　**U05 第 1 年利润表**　　　　　　　单位：万元

销售收入	0
直接成本	0
毛利	0
综合管理费用	230
折旧前利润	**−230**
折旧	0
支付利息前利润	**−230**
财务费用	0
税前利润	−230
所得税	0
净利润	**−230**

表 5-3 　　　　　　　　　　**U05 第 1 年资产负债表**　　　　　　　单位：万元

现金	76	长期负债	0
应收款	0	短期负债	406
在制品	0	特别贷款	0
产成品	0	应交税费	0
原材料	0		
流动资产合计	**76**	**负债合计**	**406**
土地和建筑	0	股东资本	600
机器与设备	0	利润留存	0
在建工程	700	年度净利	−230
固定资产合计	**700**	**所有者权益合计**	**370**
资产总计	**776**	**负债和所有者权益总计**	**776**

第二节   第二年度的预算规划

一、预算规划的逻辑

预算的起点是公司战略，公司经营的起点是预算。参照第一章所讲的预算理论，预算规划首先需要明确公司战略和前期公司基本情况，然后大致形成年度预算方针。一般来说，公司可以根据第一年度生产线情况，推算产能，即生产产品的数量。公司会以利润为导向，先确定固定成本，之后可以用本量利分析计算出盈亏平衡点的毛利以及产量，再根据安全边际进行生产线布局和产品打法的调整，如图 5-1 所示。

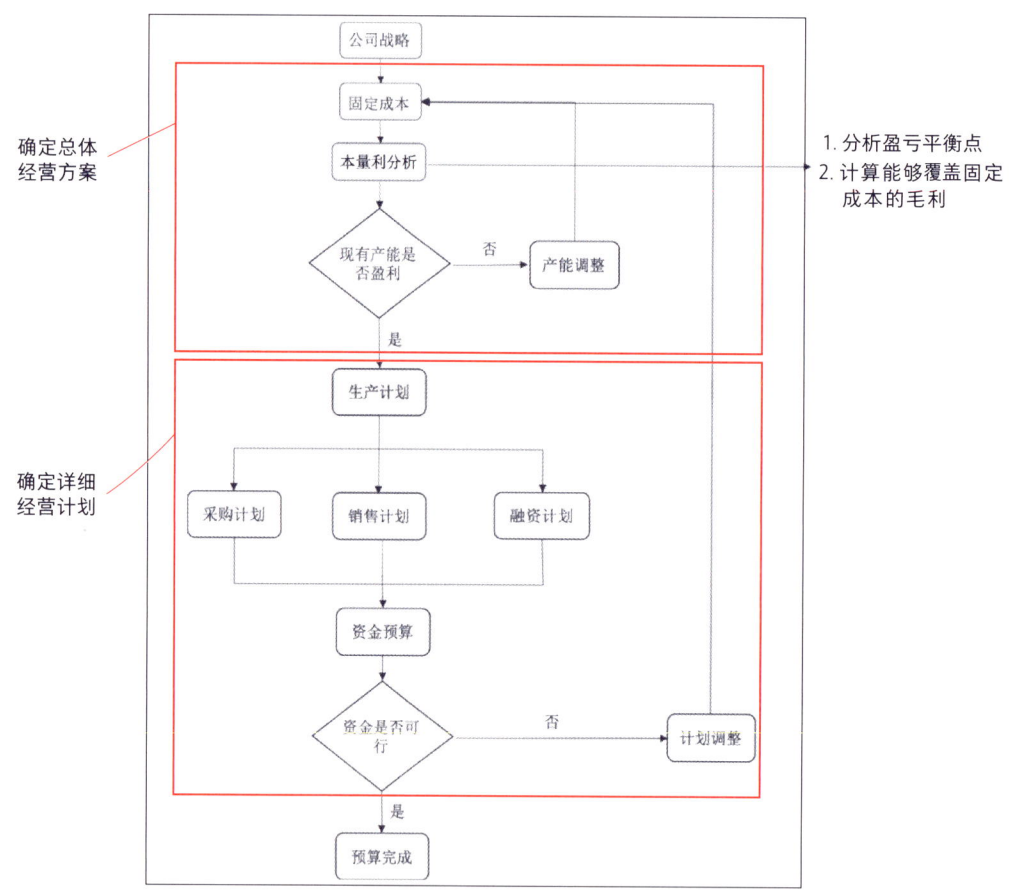

图 5-1   预算规划的逻辑

二、成本性态：固定成本和变动成本

会计学将成本性态的分类划分为固定成本和变动成本。固定成本是在一定时期内在总额上保持不变，而不论相关作业或产量的总水平变化多大。变动成本是总额变动与相关作业或产量总水平变动成比例的成本。成本根据特定的作业和特定的时间段而被定义为固定成本或变动成本。确认一项成本是固定成本还是变动成本能为制定管理决策提供有价值的信息，也是评价业绩的重要资料[①]。

　　固定成本细分为约束性固定成本和酌量性固定成本；变动成本细分为技术性变动成本和酌量性变动成本，具体细分成本可结合企业管理能力与控制程度确定。其中，约束性固定成本，是指不受管理层短期决策行为影响的那部分固定成本，固定资产折旧费就是一种典型的约束性固定成本，这类成本反映的是形成和维持公司最起码的生产经营能力所需要的成本，一旦形成，在短期内是不能削减的。因此，实务中很难采取降低约束性固定成本总额的措施来降低成本，只能从充分利用其促进生产经营能力方面着手，通过提高产销量，相对降低产品的单位成本。约束性固定成本虽与短期决策行为无关，但是它的形成却是企业长期投资决策的结果[②]。

　　酌量性固定成本，是指受管理层短期决策行为影响，可以在不同时期改变其数额的那部分固定成本。这类成本包括根据企业的经营方针确定的，在一定预算期内计划开支的广告费、职工培训费、新产品开发费等。对这部分成本，可以从降低其绝对额的角度予以考虑，即运用零基预算的思维方法重新审视各项费用开支的必要性和可行性，在保证不影响生产经营的前提下尽量减少它们的支出总额，一般可采用固定预算的形式加以控制，关键是做出正确的短期经营决策[③]。

　　在 ERP 模拟经营沙盘中：

$$净利润 = 销售收入 - 直接成本 - 综合管理费用 - 折旧 - 财务费用 - 所得税$$

$$综合管理费用 = 管理费 + 广告费 + 设备维护费 + 转产费 + 厂房租金 + 市场准入开拓 +$$
$$产品研发 + ISO 认证资质 + 信息费 + 其他（损失）$$

　　可以简化得出：除了直接成本，其他费用都可当作固定费用，如图 5-2 所示。U05 组固定成本（预算）见表 5-4。

①　查尔斯·T. 亨格瑞，等. 成本与管理会计［M］. 王立彦、刘应文、罗炜，译. 13 版. 北京：中国人民大学出版社，2010.
②　缪匡华. 成本习性视角下的企业成本降低途径探析［J］. 赤峰学院学报（自然科学版），2009，25（06）：125-127.
③　缪匡华. 成本习性视角下的企业成本降低途径探析［J］. 赤峰学院学报（自然科学版），2009，25（06）：125-127.

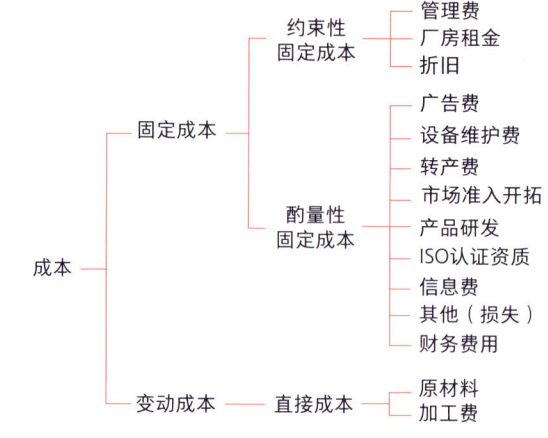

图 5-2   成本的划分

项目	第一年实际金额	第二年预算金额	第二年计划	备注
管理费	40	40	持续运营	每季度支出 10 万元，每年固定支出 40 万元
广告费	0	75	投入广告费	根据选单需要投入
设备维护费	0	80	第一年年末 2 条柔性线在建 4 期，2 条自动线在建 3 期，第二年年初建成可投入使用，每条线维护费 20 万元 / 年	根据设备数量支出，含租赁线租金
转产费	0	0	暂无	根据转产需求支出
厂房租金	40	40	继续租用一个中厂房	根据厂房租用情况支出，一旦租用，即为固定支出
市场准入开拓	50	30	5 个市场均持续投入开拓，第一年已完成本地和区域，第二年继续投入余下 3 个市场	根据市场开拓决策支出，持续开拓，即为固定支出
产品研发	70	10	计划在第二年第四季度开始研发 P4	根据产品研发决策支出，持续研发，即为固定支出
ISO 资格认证	30	30	2 个资格认证均持续投入研发	根据认证研发决策支出，持续研发，即为固定支出
信息费	0	0	信息费规则设定为 0 万元	根据下载其他公司信息的公司数量支出
其他（损失）	0	0	不准备变卖资产	根据变卖生产线、产品或材料支出
综合管理费用合计	230	305		

表 5-4　　　　　　　　　　　　U05 组固定成本（预算）　　　　　　　　单位：万元

续表

项目	第一年实际金额	第二年预算金额	第二年计划	备注
折旧	0	0	第一年没有生产线建成，因此第二年不产生折旧费用，从第三年开始产生折旧费用	根据建线情况，生产线一旦建成，第二年开始产生折旧费用，视为固定支出
财务费用	0	19	本年财务费用根据上一年借款情况计算	长期借款的利息一般视为约束性固定成本，短期借款的利息视为酌量性固定成本
固定成本合计	230	324		

三、本量利分析

（一）本量利的含义

本量利分析（Cost-Volume-Profit Analysis，CVP）又称量本利分析，是企业关于生产成本、产量以及利润三者关系分析方法的简称。它是以将成本划分为变动与固定两类为基础，再进一步进行分析，并用数字化的图文报表方式来表达成本会计的相关信息，准确揭示企业生产成本、销售金额毛利润和净利润等对决策有用的财务数据。本量利分析法是在传统成本性态量利分析和规律性变动成本法的内容和理论基础上建立及发展起来的研究方法。本量利分析法作为企业长期经营过程中，进行风险、计划、决策以及成本控制等重要经营管理分析的工具，是企业会计业务活动中一项重要的基础性研究内容[1]。

（二）本量利的公式

企业的日常经营管理工作通常以生产量、销售量等业务量为起点，以利润为终点目标，影响利润的销售额和成本额因素均与业务量有关。因此，销售单价、成本、业务量诸因素与利润的关系表现在下述基本关系式中：

$$利润 = 销售量 \times 毛利 - 固定成本 = 销售量 \times （单价 - 单位变动成本） - 固定成本$$

$$毛利 = 单价 - 单位变动成本$$

$$保本点 = \frac{固定成本}{毛利} = \frac{固定成本}{单价 - 单位变动成本}$$

（三）本量利在 ERP 模拟经营沙盘中的运用

U05 小组第一年已经完成了 P2 和 P3 的产品研发，根据 ERP 模拟经营沙盘系统所给出的市场预测，可以得出 P2 的市场平均价格为 75 万元 / 个。由于 P2 的单位变动成

---

[1] 李晓春. 刍议本量利分析基本原理及概念［J］. 财会学习，2020（18）：49–50.

本为 30 万元，因此 P2 的毛利为 45 万元 / 个；P3 的市场平均价格为 83 万元 / 个，由于 P3 的单位变动成本为 40 万元，因此 P3 的毛利为 43 万元 / 个。

（1）假设 4 条生产线全部用于生产 P2：盈亏平衡点的销售量 = 保本点 =

$$\frac{\text{固定成本}}{\text{毛利}} = \frac{\text{固定成本}}{\text{单价} - \text{单位变动成本}} = \frac{324 \text{万元（引用表 5-4 固定成本合计数）}}{45 \text{万元 / 个}} = 7.2 \text{个，约为}$$

8 个。

（2）假设 4 条生产线全部用于生产 P3：盈亏平衡点的销售量 = 保本点 =

$$\frac{\text{固定成本}}{\text{毛利}} = \frac{\text{固定成本}}{\text{单价} - \text{单位变动成本}} = \frac{324 \text{万元（引用表 5-4 固定成本合计数）}}{43 \text{万元 / 个}} = 7.5 \text{个，约为}$$

8 个。

因此预测销售到 8 个产品就能达到保本点。

对比已有生产线能在本年制造 12 个产成品、4 个在制品，即已有生产线产能足够创造盈利。因此，这个方案可行。

四、经营计划

（一）生产计划

U05 原计划用 2 条线生产 P2 产品，在第二年能生产 6 个 P2 成品。再用 2 条线生产 P3 产品，在第二年能生产 6 个 P3 成品。如果要在短期追求利润最大化，那就应当全部生产毛利高的 P2。再次分析市场预测，发现 P2 的毛利前期高于 P3，但 P3 的毛利在后期会

年度内操作
Y2Q1

高于 P2，加上转产时，柔性线没有时间和资金成本，但自动线有 1 季度转产周期和 20 万元的转产费用，同时考虑订单的需求，U05 决定用一条柔性线交替生产 P2 和 P3，安排如表 5-5 所示。可见，第二年，在原材料采购及时并有现金保证持续生产的情况下，U05 能得到 8 个 P3 产成品，和 5 个 P2 产成品。

年度内操作
Y2Q2-Y2Q4

表 5-5   第二年生产计划（数量，U05 示例）

编号	生产线	产品	Q1	Q2	Q3	Q4
1	自动线	P3	1	1	1	1
2	自动线	P3	1	1	1	1
3	柔性线	1、3 季度产 P3、2、4 季度产 P2	1	1	1	1
4	柔性线	P2	1	1	1	1

（二）采购计划

假设 U05 小组的采购部门是有效的，即几乎不会产生紧急采购的情况。根据

第四章中表 4-1 所提到的原材料采购规则：当季采购的原材料的到货期为 1 个季度和 2 个季度，结合第四章中表 4-4 提到的产品的材料构成，P2 需要 R2+R3，P3 需要 R1+R3+R4。那么，当期采购的原材料应当根据后期的生产计划进行安排，结合表 5-5 对生产数量的计划，原材料采购的数量计划和入库情况如表 5-6 所示。

表 5-6　　　　　　　　　　第二年材料订购计划（数量，U05 示例）

原材料	Y1			Y2				
订购	Q3	Q4	小计	Q1	Q2	Q3	Q4	小计
R1		3	3	2	3	2	3	10
R2		1	1	2	1	2	1	6
R3	4	4	8	4	4	4	4	16
R4	3	2	5	3	2	3	2	10
合计	7	10	17	11	10	11	10	42
R1				3	2	3	2	10
R2				1	2	1	2	6
R3				4	4	4	4	16
R4				3	2	3	2	10
入库数				11	10	11	10	42

若 U05 想要在第二年第一季度（Y2Q1）就开始进行产品生产，那么原材料需要在第一年提前订购，才能保证在开始生产时有原材料。否则，只能采用紧急采购原材料的方式确保生产。本案例中，假设 U05 小组在第一年根据表 5-6 执行了材料采购的计划，否则，如果全部小组已经进入到第二年运营期内，也无法将 U05 小组的操作还原到第一年内重新进行材料订购。看来，在生产线产能强大的同时，还需要原材料订货计划的合理安排。

（三）销售计划

假设 U05 小组销售能力强，一般情况下为零库存。第二年销售计划如表 5-7 所示。

表 5-7　　　　　　　　第二年销售计划表（数量与收入，U05 示例）

产品	Q1	Q2	Q3	Q4	合计
P2（数量）	0	2	0	2	4
P3（数量）	0	3	2	3	8
P2（销售收入，万元）	0	150	0	150	300
P3（销售收入，万元）	0	249	166	249	664
销售收入合计（万元）	0	399	166	399	964

（四）融资计划

根据第三章对企业融资的模拟运营规则说明，U05 在经营时可以使用的融资方式有两种：① 股权融资，即公司的初始资金 600 万元来自股东；② 债务融资，即长期贷款和短期贷款，且金额的上限不得超过企业净资产的 3 倍。初始资金在企业运营开始前注入，后期主要依靠债务融资，即长期贷款和短期贷款。

通过初步计算，U05 小组本年计划现金流出总计 1 310 万元，除贷款以外的现金流入总计 399 万元，本年现金总缺口为 835 万元。通过 U05 小组第一年度的经营，U05 小组本年度的可贷款总额上限为 1 110 万元。现金预算的关键点是梳理年度经营计划，寻找资金缺口，及时做好与调整融资和投资的决策。第二年融资计划（U05 示例）见表 5-8。

表 5-8　　　　　　　　　第二年融资计划（U05 示例）　　　　　　单位：万元

年初现金	部门	项目明细	Q1	Q2	Q3	Q4	合计
	生产部门	工人费用	40	40	40	40	160
	采购部门	原材料采购 *	110	100	110	100	420
	财务部门	计算贷款利息	0	1	1	17	19
		偿还短贷本金	0	29	29	348	406
现金流出		广告费	75	0	0	0	75
		厂房租金	40	0	0	0	40
		产品研发	0	0	0	10	10
	企业管理部	市场开拓	0	0	0	30	30
		ISO 资格认证	0	0	0	30	30
		设备维护费	0	0	0	80	80
		管理费用	10	10	10	10	40
	合计		275	180	190	665	1 310
现金流入	销售款到账		0	0	0	399	399
	现金缺口		−199	−180	−190	−266	−835
	申请贷款（短贷）		199	180	190	266	835

注：* 原材料订购后，在入库时会支付现金。所以在做现金预算时，原材料采购的现金流出是按照表 5-6 中入库数量 × 每个 10 万元来计算的。

从表 5-8 中可以看出，U05 的投资计划为继续研发剩余市场与 ISO 资格认证，对于 P1 和 P4 两个产品慢慢开始投入研发，还不着急进行新产能的投入。在现有厂房和生产线布局下，U05 的生产计划是将 4 条生产线充分用起来，开足马力进行生产。除必要的固定支出以外，U05 非常关注融资计划，虽然按表内预算来看，第二年每个季度，U05 都能靠短期贷款滚动存活，但申请的短期贷款会在第三年形成本金还款压力。所以，U05 是靠持续进行短期贷款（也称之为"滚短贷"）的方式继续运营，对财务预算的要求非常严苛。也可以选择在年初一次性借入长期贷款，虽然会增加利息支付的负担，但能缓解现金支付的压力，这就需要小组协商讨论了。此外，第二年所有者权益也需要做出预算，主要是对权益金额是否能支撑下一年度的贷款总额进行预判，再调整融资方案。

第二年权益根据第二年预算的净利润可以初步得出，实际权益根据实际运营情况计算。根据预算的第二年权益，按照现有生产能力做出第三年经营规划，如果该规划可行，在资金充裕的情况下可以考虑适当增加产能；如果该规划在第三年不可行，则需要考虑减产或者改变整体运营计划。

第三节　第二年度运营实践与工具使用

根据 U05 小组第一年的经营结果和其对未来经营的规划，本案例对第二年年初、年中和年末三个运营阶段，按流程设计了 30 个相关业务，对其进行编码、描述、分析，并基于预算工具使用，讲解其具体的运营过程。

在 ERP 模拟经营沙盘中，U05 小组从事的活动在年度和季度上具有很大程度上的重复性，为了精确区分该生产制造商每年每个季度的经营活动，在正式进行综合案例介绍之前，本节先对该企业日常性的经营活动进行经营活动案例代码的编制，如表 5-9 所示，以便于读者对业务描述的认知与理解。代码编制的标准是"年度代码.季度代码.业务代码"，这样可以精确地区分和记录每个经营活动。例如，【例 1.1.12】指在第一年第一季度租赁了一个中厂房。

表 5-9　　　　　　　　　　　代码编制参考表

经营年度	年度代码	经营季度	季度代码
第一年	1	年初	0
第二年	2	第一季度	1
第三年	3	第二季度	2
第四年	4	第三季度	3
第五年	5	第四季度	4
第六年	6	年末	5

续表

经营业务	业务代码	经营业务	业务代码
贴息	1	原料紧急采购	16
信息费	2	下一批生产	17
广告费	3	更新应收款	18
应交税费	4	按订单交货（0账期）	19
长贷利息	5	产品紧急采购	20
偿还长期贷款	6	产品研发	21
申请长贷	7	厂房处理（购买以及续租）	22
还短期贷款	8	出售库存	23
支付利息	9	新市场开拓	24
申请短期贷款	10	ISO 资格认证	25
原材料入库	11	违约罚款	26
厂房租金（新）	12	设备维护费用	27
新建 / 在建生产线	13	支付行政管理费	28
生产线转产	14	在建工程结转为固定资产	29
生产线变卖	15	计提折旧	30

一、年初运营

【例 2.0.3】第二年年初，投放广告费用总计 75 万元，U05 获取销售订单如表 5-10 所示：

表 5-10　　　　　　　　　U05 第二年所竞得的销售订单汇总

订单号	产品	数量	交期	账期	销售额（万元）
1	P2	2	3	3	150
2	P2	2	4	4	160
3	P3	3	3	1	250
4	P3	2	3	2	160
5	P3	3	4	3	260

此处，销售订单与预算的销售计划在产品的数量上没有区别。第二年，沙盘经营中有两个市场对外开放，本地和区域。企业需要根据市场预测和对竞争对手的观察，对不同市场不同产品进行广告费用的精准投放。比如，本例中 2 个市场 2 个产品，能够获得 5 张订单，那么对于某一个产品来说，在某个市场投入广告费会高于 30 万元。因为规则规定，广告费 10 万元起投，30 万元以上的广告费投入才能有第二轮的选单机会，

而每一轮选单都只能获取一张订单。75 万元广告费，每张订单平均投入 15 万元，但这个数字在广告会上不一定能够抢到合适的订单，甚至有可能抢不到订单。因此，可以考虑集中竞投，即在一个市场一个产品上投入高于 30 万元的广告费，既能排名靠前选单，也会有第二轮的选单机会。但机会和风险都是并存的。有可能高额广告费只能抢到一轮订单，或者由于失误抢不到订单，这就会造成广告费白白流失、又没有收入的尴尬局面。

二、年中运营

（一）第一季度

【例 2.1.29】第一年在建的 2 条自动线和 2 条柔性线完成建设，结转为资产。初始价格共 700 万元。

【例 2.1.10】为了第二年日常的生产经营活动，根据表 5-8 中资金缺口显示，U05 在第二年第一季度（Y2Q1）申请 1 年期，利率为 5% 的短期贷款 229 万元，因为金额所需，比预计多贷款 30 万元。

【例 2.1.11】原材料入库，共支出原材料费 110 万元。再次订购新一批原材料，由于原材料采购需要一定的周期才能收到，因此，需要在生产计划的基础上提前进行原材料的采购，保证生产的正常进行。原材料入库和订购情况根据表 5-6 进行了季度明细表的设计，如表 5-11 所示。

表 5-11　　　　　U05 第二年第一季度（Y2Q1）原材料入库和订购

项目计量	R1	R2	R3	R4	现金支付	1 个季度应付账款	2 个季度应付账款
单价（万元）	10	10	10	10			
入库（数量）	3	1	4	3			
入库金额（万元）	30	10	40	30	110		
订购（数量）	2	2	4	3			
订购金额（万元）	20	20	40	30		40	70

【例 2.1.17】2 条自动线生产 P3，1 条柔性线生产 P3，1 条柔性线生产 P2，单位工人费用为 10 万元，共支出工人费用 40 万元，如表 5-12 所示。

表 5-12　　　　　U05 第二年第一季度（Y2Q1）生产费用

项目	P2	P3	合计
生产数量	1	3	4
工人费用（万元）	10	30	40

【例 2.1.22】第一季度结束时，中厂房续租，支付中厂房的租金 40 万元。

【例 2.1.28】在季度末支付管理费用 10 万元。

（二）第二季度

【例 2.2.8】U05 第一年第二季度（Y1Q2）短贷的 29 万元还款期限已到，偿还 29 万元贷款。

【例 2.2.9】支付该短期贷款 29 万元的利息 1 万元。

【例 2.2.10】申请期限为 1 年利率为 5% 的短贷 189 万元。

【例 2.2.11】原材料入库，共支出原材料费 100 万元。再次订购原材料，订购计划与金额支付如表 5-13 所示。

表 5-13   U05 第二年第二季度（Y2Q2）原材料入库和订购

项目计量	R1	R2	R3	R4	现金支付	1 个季度应付账款	2 个季度应付账款
单价（万元）	10	10	10	10			
入库（数量）	2	2	4	2			
入库金额（万元）	20	20	40	20	100		
订购（数量）	3	1	4	2			
订购金额（万元）	30	10	40	20		40	60

【例 2.2.14】柔性线转产 P2，不发生任何费用。

【例 2.2.17】2 条自动线生产 P3，2 条柔性线生产 P2，单位工人费用 10 万元，共支付工人费用 40 万元，如表 5-14 所示。

表 5-14   U05 第二年第二季度（Y2Q2）生产费用

项目	P2	P3	合计
生产数量（数量）	2	2	4
工人费用（万元）	20	20	40 万元

【例 2.2.19】此时，上一季度生产的 1 个 P2 和 3 个 P3 成为产成品入库，可以进行订单交付。U05 交付 3 号订单的 3 个 P3，获得账期为 1 的应收账款 250 万元，确认销售收入 250 万元，同时结转直接成本 120 万元。

【例 2.2.28】在季度末支付管理费用 10 万元。

（三）第三季度

【例 2.3.8】U05 第一年第三季度（Y1Q3）短贷的 29 万元还款期限已到，偿还 29 万元贷款。

【例 2.3.9】支付该短期贷款 29 万元的利息 1 万元。

【例 2.3.10】申请 1 年期利率为 5% 的短贷 269 万元。

【例 2.3.11】原材料到货入库，支付原材料费 110 万元。订购原材料，如表 5-15 所示。

表 5-15　　　　U05 第二年第三季度（Y2Q3）原材料入库和订购

项目计量	R1	R2	R3	R4	现金支付	1 个季度应付账款	2 个季度应付账款
单价（万元）	10	10	10	10			
入库（数量）	3	1	4	3			
入库金额（万元）	30	10	40	30	110		
订购（数量）	2	2	4	3			
订购金额（万元）	20	20	40	30		40	70

【例 2.3.14】柔性线转产 P3，不发生任何费用。

【例 2.3.17】两条自动线生产 P3，1 条柔性线生产 P3，1 条柔性线生产 P2，单位工人费用 10 万元，共支出工人费用 40 万元，如表 5-16 所示。

表 5-16　　　　U05 第二年第三季度（Y2Q3）生产费用

项目	P2	P3	合计
生产数量（数量）	1	3	4
工人费用（万元）	10	30	40

【例 2.3.18】更新应收账款，应收账款到期，收到 250 万元现金。

【例 2.3.19】此时，上一季度生产的 2 个 P2 和 2 个 P3 成为产成品入库，可以进行订单交付。U05 交付 1 号订单 2 个 P2 和 4 号订单 2 个 P3，获得应收账款 310 万元，确认销售收入 310 万元，结转直接成本 140 万元。

【例 2.3.28】在季度末支付管理费用 10 万元。

（四）第四季度

【例 2.4.8】第一年第四季度短贷的 348 万元还款期限已到，偿还 348 万元贷款。

【例 2.4.9】支付该短期贷款 348 万元的利息 17 万元。

【例 2.4.10】申请 1 年期利率为 5% 的短贷 423 万元。

【例 2.4.11】原材料到货入库，支付原材料费 100 万元。订购原材料，如表 5-17 所示。

表 5-17　　　　　　　　**U05 第二年第四季度（Y2Q4）原材料入库和订购**

项目计量	R1	R2	R3	R4	现金支付	1 个季度应付账款	2 个季度应付账款
单价（万元）	10	10	10	10			
入库（数量）	2	2	4	2			
入库金额（万元）	20	20	40	20	100		
订购（数量）	3	1	4	2			
订购金额（万元）	30	10	40	20		40	60

【例 2.4.17】2 条自动线生产 P3，2 条柔性线生产 P2，单位工人费用为 10 万元，共支付工人费用 40 万元，如表 5-18 所示。

表 5-18　　　　　　　　**U05 第二年第四季度（Y2Q4）生产费用**

项目	P2	P3	合计
生产数量（数量）	2	2	4
工人费用（万元）	20	20	40

【例 2.4.19】此时，上一季度生产的 1 个 P2 和 2 个 P3 成为产成品入库，可以进行订单交付。U05 加上第二季度入库的 1 个 P2，交付 2 号订单 2 个 P2 和 5 号订单 3 个 P3，获得应收账款 420 万元，确认销售收入 420 万元，确定直接成本 180 万元。

【例 2.4.21】进行 P4 的第一次研发，支付研发费用 10 万元。

【例 2.4.28】在季度末支付管理费用 10 万元。

三、年末运营

预算表 Y1
操作

【例 2.5.24】第一年进行国内、亚洲和国际市场的第一次开拓，现在进行国内、亚洲和国际市场的第二次开拓，支付市场开拓费用 30 万元。国内市场开拓成功。

【例 2.5.25】第一年进行了 ISO 9000 和 ISO 14000 的第一次资格认证，现在进行 ISO 9000 和 ISO 14000 的第二次资格认证，支付认证费用 30 万元。

预算表 Y2
操作

【例 2.5.27】年末，此时支付 4 条高级生产线的维护费用 80 万元。

30 个业务涉及的现金流预算详见表 5-19 所示。

表 5-19　　　　　　　　**U05 第二年现金预算表**　　　　　　　　单位：万元

初始权益	600	第一季	第二季	第三季	第四季
年度规划（年初现金）		76			

续表

初始权益	600	第一季	第二季	第三季	第四季
贴现	1Q			年初厂房贴现	
	2Q				
	3Q				
	4Q			短贷	
贴息	0			第一季	704
信息费				第二季	504
广告费	75【例2.0.3】			第三季	344
应交税费	0			第四季	423
长贷利息	0				
偿还长期贷款	0				
申请长贷	0				
季初现金	1	30	39	368	
还短期贷款	0	29【例2.2.8】	29【例2.3.8】	348【例2.4.8】	
支付利息	0	1【例2.2.9】	1【例2.3.9】	17【例2.4.9】	
申请短期贷款	229【例2.1.10】	189【例2.2.10】	269【例2.3.10】	423【例2.4.10】	
原材料入库	110【例2.1.11】	100【例2.2.11】	110【例2.3.11】	100【例2.4.11】	
厂房租金（新）	0	0	0	0	
新建/在建生产线					
生产线转产					
生产线变卖					
原料紧急采购	0	0	0	0	
下一批生产	40【例2.1.17】	40【例2.2.17】	40【例2.3.17】	40【例2.4.17】	
应收款前现金缺口	80	49	128	286	
更新应收款	0	0	250【例2.3.18】	0	
按订单交货（0账期）	0	0	0	0	
产品紧急采购	0	0	0	0	

续表

初始权益	600	第一季	第二季	第三季	第四季
产品研发		0	0	0	10【例2.4.21】
厂房处理（购买以及续租）		40【例2.1.22】	0	0	0
出售库存		0	0	0	0
新市场开拓					30【例2.5.24】
ISO 资格认证					30【例2.5.25】
违约罚款					0
设备维护费用					80【例2.5.27】
支付行政管理费		10【例2.1.28】	10【例2.2.28】	10【例2.3.28】	10【例2.4.28】
季末现金		30	39	368	126
季末贴现之前现金		30	39	368	126

案例汇总及
预算工具

表格说明：

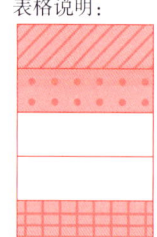

表示需要手动输入部分

表示此处当年不存在操作内容或者谨慎操作

无色部分为自动生成部分

表示重点注意，但是不需要操作

表示需要注意

第四节　第二年度的信息披露

U05 的经营过程在预算的相关工具辅助下完成了当年的流程操作。当一年结束时，企业的财务数据和信息需要填入到报表中，通过报表来判断小组的运营状况。事实上，综合费用表、利润表和资产负债表既可以用作历史财务数据的总结，也可以用作当年运营预算的工具。

一、综合费用表

综合费用表项目的金额只包括本年度经营活动导致的当期金额，如表 5-20 所示。

表 5–20	U05 小组第二年综合费用表	单位：万元

项目	金额	金额项目及说明
管理费	40	=10【例 2.1.28】+10【例 2.2.28】+10【例 2.3.28】+10【例 2.4.28】
广告费	75	=【例 2.0.3】
设备维护费用	80	=【例 2.5.27】
生产线转产费	0	本年未发生此费用
厂房租金	40	=【例 2.1.22】
新市场开拓	30	=【例 2.5.24】
产品研发	10	=【例 2.4.21】
ISO 资格认证	30	=【例 2.5.25】
信息费	0	本年未发生此费用
其他（损失）	0	本年未发生此费用
合计	305	

二、利润表

利润表所有项目发生的金额只包括本年度经营活动导致的当期金额，如表 5–21 所示。

表 5–21	U05 小组第二年利润表	单位：万元

项目	金额	金额项目
销售收入	980	销售收入 =【例 2.2.19】+【例 2.3.19】+【例 2.4.19】
直接成本	440	直接成本 =【例 2.2.19】+【例 2.3.19】+【例 2.4.19】
毛利	540	毛利 = 销售收入 – 直接成本
综合管理费用	305	综合管理费用 = 第 2 年综合费用表合计数
折旧前利润	235	折旧前利润 = 毛利 – 综合管理费用
折旧	0	生产线建线成功后的第二年开始计提折旧，第一年未建成生产线，第二年才建成生产线，因此第三年开始计提折旧
支付利息前利润	235	支付利息前利润 = 折旧前利润 – 折旧
财务费用	19	财务费用 =【例 2.2.9】+【例 2.3.9】+【例 2.4.9】 由贷款利息和贴现利息构成
税前利润	216	税前利润 = 支付利息前利润 – 财务费用
所得税	0	所得税 = 税前利润 ×25% 交所得税的前提条件：① 本年利润为正；② 本年所有者权益 > 股东资本（600 万元）。
净利润	216	净利润 = 税前利润 – 所得税

三、资产负债表

资产负债表的项目的金额是从该企业开始经营到本年年末经营活动的累计发生金额，如表 5-22 所示。

资产负债表的本年数 = 上年数 + 本年发生数。

表 5-22   U05 小组第二年资产负债表   单位：万元

项目	上年数	本年数	本年发生数及说明
现金	76	126	直接法：本年各项现金流入 – 本年各项现金流出
应收款	0	730	本年应收的销售收入 – 本年收到的销售收入
在制品	0	140	本年在制品生产成本 – 本年在制品完工成本
产成品	0	0	本年在制品完工成本 – 本年销售成本
原材料	0	0	本年原材料入库 – 本年原材料使用
流动资产合计	76	996	
土地和建筑	0	0	= 【例 2.1.12】
机器与设备	0	700	= 【例 2.1.29】
在建工程	700	0	= –【例 2.1.29】/ 在建工程转入固定资产
固定资产合计	700	700	
资产总计	776	1696	
长期负债	0	0	未发生此费用
短期负债	406	1110	= 【例 2.1.10】–【例 2.2.8】+ 【例 2.2.10】–【例 2.3.8】+ 【例 2.3.10】–【例 2.4.8】+ 【例 2.4.10】– 期初 406 万元
特别贷款	0	0	未发生此费用
应交税费	0	0	未发生此费用
负债合计	406	1110	
股东资本	600	600	为原始股东注资 600 万元，其后没有增加额
利润留存	0	–230	= 结转的第一年的年度净利 –230 万元
年度净利	–230	216	= 第二年利润表的净利润
所有者权益合计	370	586	= 股东资本 + 利润留存 + 年度净利
负债和所有者权益总计	776	1696	= 负债 + 所有者权益

本章在业务流程的讲解中，大量使用了表格的形式。这些表格，都可以用 EXCEL 工具表来实现，具体的应用可以参考中国大学慕课平台上的课程《综合能力训练（ERP

模拟经营沙盘)》第三讲，对预算表格使用的讲解。

参考中国大学 MOOC →综合能力训练(ERP 模拟经营沙盘)→第三讲 3.5 用 Excel 实现预算

在整个模拟经营前，运营小组需要先制订方案，然后在预算工具的辅助下完成预算规划，根据预算规划判断方案的可行性，确定小组运营方案。在模拟运营中，小组可以参考经营前准备好的方案和预算规划进行运营，由于实际情况与预算往往有不同的地方，主要是销售订单的竞选会存在很多不确定性，经营决策往往会根据收入的不确定性进行不断调整。所以，在系统上参照第三章、第四章所讲的商战操作步骤填写数据，最重要的就是确定应该填写什么数据。

有效的预算可以为企业的经营决策提供有效的信息，帮助企业的管理者提高决策的速度和质量。当然，预算的填写是一个耗时且难度较大的工作，不仅是本年度的，未来年度的经营预算相关内容也需要提前计划起来，填写内容更多，更加复杂。实践证明，在经营中坚持用预算工具辅助的小组，经营结果往往更符合预期。并且任何工具都需要不断地磨炼和使用，希望读者们掌握好预算，不要轻言放弃。此外，ERP 沙盘模拟运营是一个科学且复杂的流程，需要小组具有团队协作的精神，化整为零、分工协作、自己做表、做到心中有数，才能在运营的过程中充分发挥其作用。

 温故而知新

也许你能从中国大学慕课平台上下载到一个预算模板，好好研读，搞懂其中包括的销售、采购、生产、财务等的预算设计逻辑与公式，并花大力气去填写它，希望依靠它给你的运营之路指明方向。但我们的建议是，你需要先读懂本章所写案例，认识三张报表。模拟运营过程瞬息万变，随时可能发生意想不到的问题与变化，如果不知道把信息填写到哪个单元格怎么办？如果填写出来的数据不对怎么办？运营时间有限，是去调整预算表，还是回归粗略估算，做平最基础的三张报表？这样的选择，也许只有经历过实操，才会有更深的体会。但无论如何，预算表格只是一个工具，用于承载你的决策。那么，该怎样决策呢？看看总结，观摩经营也许是个好办法。为此，我们一起来读读下一章吧，希望能够给到你更多的运营思路。

第六章　运营案例解析

在了解清楚商战的运营规则和流程之后，相信大家更为关心的是如何进行运营策略的制定，来让企业在市场竞争中脱颖而出。本章将从个体案例、综合案例和操作偏差总结三个方面，对不同类型的投资策略进行分析与阐述。第一节，本节选取三个不同运营状态的个案进行分析，分别分析为何该企业会呈现这类状态，以便读者在制定自身运营策略时有所启发；第二节则通过对沙盘模拟运营操作后的数据进行整理与设计，从裁判端总体评价的角度进行案例群的综合分析；第三节则列举实战运营中较常出现的操作失误点，指出该失误可能存在的原因，便于读者提前了解，防患未然。

第一节　运营的个体案例

在了解了企业的运营规则以及报表和预算的填制方法之后，需要将相关知识具体运用到实际的企业运营当中。然而现实经营所遇到的情况是千变万化、纷繁复杂的。企业需要面对不同的情景做出相应决策，确保实现现有条件下的自身利益最大化。如何在面对不同场景时进行相应决策则是需要继续思考的问题。每一家企业都会经历创立、发展、成熟等阶段。而创立初期，即企业成立的第一二年，各企业面临的情况基本类似，主要涉及产能布局、产品研发和市场开拓等。随着企业的逐渐发展，到第三年的时候，不同企业开始遇到不同类型的问题，或是收入不足，或是开拓乏力，从而产生了需要具体应对的决策需求。故而，本节选取在第三年年末时企业面临的不同情景来进行分析总结，从而判断该企业在后期运用中应当如何决策和调整具体的生产经营策略。

结合实际情况，本节选取了三种情况，分别分析企业前期经营情况，探讨后续决策。第一，"濒临破产"，即第三年年末所有者权益趋近于零；第二，"寻求转机"，即第三年年末所有者权益超过初始投资半数；第三，"持续扩张"，即第三年年末所有者权益接近或超过初始投资。

一、濒临破产：第三年年末所有者权益趋近于零

首先针对第一类，破产或濒临破产的企业进行分析，以 A 企业为例。A 企业前三年的运营数据，三表分别如表 6-1、表 6-2 和表 6-3 所示。从第三年的资产负债表可以看出，第三年年末企业的股东资本为 800 万元，而所有者权益合计为 141 万元，可以判断 A 企业在第三年由于所有者权益为 -59 万元后，导致企业破产，股东综合考量后，再次进行了 200 万元的注资，以维持企业的持续经营。那么 A 企业第三年为何会出现因权益为负而破产的情形呢？

表 6-1　　　　　　　　　　　A 企业 1~3 年综合费用表　　　　　　　　单位：万元

年度	第 1 年	第 2 年	第 3 年	备注
管理费	40	40	40	
广告费	0	140	59	
设备维护费	0	170	230	第 2 年，建成 3 条自动线，使用 2 条租赁线；第 3 年，建成 6 条自动线，继续使用 2 条租赁线
转产费	0	0	0	
租金	45	78	78	第 1 年，租用 1 个大厂房；第 2 年开始，再租用 1 个小厂房
市场准入开拓	40	20	0	第 1 年，开拓了 4 个市场；第 2 年，继续开拓 2 个市场
产品研发	80	40	0	第 1 年，研发 P2、P3、P4；第 2 年，继续研发 P4
ISO 资格认证	30	30	0	2 个资格认证在第 1 年和第 2 年持续，完成开发
信息费	0	0	0	
其他	0	0	0	
合计	235	518	407	

表 6-2　　　　　　　　　　　A 企业 1~3 年利润表　　　　　　　　　单位：万元

年度	第 1 年	第 2 年	第 3 年	备注
销售收入	0	984	388	第三年选单失误，收入大幅下降
直接成本	0	420	180	
毛利	0	564	208	
综合管理费用	235	518	407	根据表 6-1 填入
折旧前利润	-235	46	-199	
折旧	0	0	90	第 2 年，即生产线建成第一年不折旧；第 3 年，对第 2 年建成的 3 条自动线计提折旧
支付利息前利润	-235	46	-289	

续表

年度	第1年	第2年	第3年	备注
财务费用	0	40	141	第2年，长期贷款400万元的利息； 第3年，贷款利息加上贴现费用
税前利润	−235	6	−430	
所得税	0	0	0	
净利润	−235	6	−430	

表6-3 　　　　　　　　　　　A企业1～3年资产负债表　　　　　　　　　　单位：万元

年度	第1年	第2年	第3年	备注
现金	315	266	54	
应收款	0	0	0	
在制品	0	180	0	
产成品	0	120	300	
原材料	0	0	90	
流动资产合计	315	566	444	
土地和建筑	0	0	0	
机器与设备	0	450	810 （450＋450 −30×3）	在建工程在下一会计年度转为固定资产，并从建成后第二年开始计提折旧，第3年计折旧90万元
在建工程	450	450	0	第1年，新建3条自动线； 第2年，又新建3条自动线
固定资产合计	450	900	810	
资产总计	765	1 466	1 254	
长期负债	400	1 095	1 113	
短期负债	0	0	0	
特别贷款	0	0	0	
应交税费	0	0	0	
负债合计	400	1 095	1 113	
股东资本	600	600	800	第3年权益为−59万元后，注资200万元
利润留存	0	−235	−229	
年度净利	−235	6	−430	
所有者权益合计	365	371	141	
负债和所有者权益	765	1 466	1 254	

（一）前情分析

接下来，本文将从企业的资金流动情况开始，结合企业的融资情况和投资情况进行分析。从表 6-3 可以看出，A 企业选择在第一年进行了 400 万元的长期贷款，而融资情况要与企业具体的投资策略相匹配，从第一年在建工程 450 万元可以推测 A 企业的生产线为 3 条自动线，第一年产生了 45 万元的租金则表示 A 企业并没有进行厂房购买，而是选择租用一个大厂房，并留有空闲位置，准备在后期添加新的生产线。A 企业的初始投资为 600 万元，并外借了 400 万元长期贷款，启动资金一共为 1 000 万元。倘若 A 企业在维持这种生产规模，第一年投入 450 万元建设生产线，并花费 235 万元进行资质研发和日常费用开支，则剩下 315 万元用于日常企业运营，整体资金规模也勉强可以支撑。但实际情况是 A 企业在第二年再次租用一个小厂房，并新建 2 条租赁线和 3 条自动线，为此，企业在第二年年初再次进行了满额贷款，申请了 695 万元的长期贷款，意图将产能扩到最大。A 企业在第二年猛投市场广告费，获得了较大的订单收入。第二年的现金流量净额为 -49 万元，这导致企业第二年年末的现金余额为 266 万元。但企业在第三年产能较大的前提下，对于第三年年初的广告投入并没有增大幅度，只投入了 59 万元，远低于第二年的 170 万元，进而导致第三年企业并没有拿到相应的订单，同时在费用难以大规模减少的情况下，又有大量的应收款贴现，于是第三年净利润为 -430 万元，最终导致权益累积为负数进而破产。

从 A 企业的运营策略可以看出，其有快速进行资产扩张的策略，但其在融资时并没有选择与其生产策略相匹配的行动，即在一开始没有配比更大额度的融资。这导致在第二年年初时，由于第一年没有收入，存在净亏损情况，企业的融资限额下降，此时企业即使想多融资金进行规模扩张也难以实现。在融资额度有限的前提下，A 企业贸然扩大产能，也许是因为大量的订单需要有生产线支撑，否则违约，又或者为未来的市场铺垫产能。但从其第三年广告费投入来看，A 企业做到了扩大规模，却没能配比相应的市场收入来补偿运营成本。即便 A 企业最终资产规模达到预期，但由于缺乏营运资金，且没有投入与产能相匹配的广告投入，导致没有拿到订单，难以将产能转化为收入，最终导致破产。

通过分析 A 企业前三年的经营过程可以发现，其选择的融资策略与其投资策略不匹配，融资策略较为保守，而投资策略较为激进，同时广告投入上也存在失误，这些因素共同作用导致其最终权益为负，进而破产。

（二）未来策略

在这样的背景下，A 企业该如何面对接下来的困局呢？本案例拟从融资、产能和市场三个方面来进行后续经营分析。

首先，关于融资方面，A 企业目前的产能较大，且面临最大的问题是无法将产能转变为收入。而想要获得订单则需要通过投入较多广告，但第三年年末时企业仅有现金

54 万元，并不足以覆盖所需广告金额。此时银行借款额度已满，第四年年初还需偿还大量的借款利息。如何筹集所需资金呢？从表 6-3 中可以看出，A 企业在第三年年末存在 300 万元的产成品，但第二年销售得到的大量的应收款已经被贴现完毕，资金非常紧张。那么，A 企业可以考虑出售部分产成品，获得资金后进行广告费的投放，来确保企业拿到订单，进而开启企业的日常经营。

其次，关于产能方面，A 企业目前的资金规模不足以支撑现有的 6 条自动线和 2 条租赁线的生产线规模，可以考虑减少企业规模，如将 2 条租赁线在年末的时候进行退租，则能缓解企业的资金压力。而在企业的日常运营方面也要注意费用控制，如应收账款贴现的管理需要进一步计算后进行。

最后，关于市场方面，企业想要将现有的产能转化为收入，需要在目前较小的广告费预算下尽可能多地获得订单，因此在进行市场广告投放时，需要注意避开市场广告竞争较为激烈的市场，在其他竞争相对较弱的市场中投放相应广告来争取获得较多数量订单。在进行选单时，优先考虑的应该是单个订单上的货物数量，尽量选择产品个数多的订单，而不是优先考虑产品单价。同时也需要注意考虑产能能否满足订单上的交货期，从而进行综合考量。同时，在进行广告投放时，需要尽可能将广告分散投放至各个市场的各个产品，这样能在投入基本广告金额后，确保至少一次的选单机会，将选单风险分散化，尽可能多地获得市场订单数，进而最大限度将产能转化为收入，解决企业目前面临的主要问题。

综上，可以综合通过融资、市场和产能等各方面策略调整，帮助企业渡过难关。

二、寻求转机：第三年年末所有者权益超过初始投资半数

针对第二类经营疲软但能支撑的企业进行分析，选取 B 企业为例，其前三年的运营数据分别如表 6-4、表 6-5、表 6-6 所示。从利润表可以看出，B 企业第二年和第三年的净利润分别为 -40 万元和 26 万元，属于经营疲软但能够勉强支撑的类型，那其经营又有何特点呢？

表 6-4　　　　　　　　　　　　**B 企业 1～3 年综合费用表**　　　　　　　　　　单位：万元

年度	第 1 年	第 2 年	第 3 年	备注
管理费	40	40	40	
广告费	0	92	145	
设备维护费	20	95	95	第 1 年，建成 1 条自动线； 第 2 年，建成 2 条自动线、1 条租赁线
转产费	0	0	0	

续表

年度	第 1 年	第 2 年	第 3 年	备注
租金	0	0	0	
市场准入开拓	40	20	10	4 个市场开拓
产品研发	110	10	0	
ISO 资格认证	30	30	0	2 个 ISO 资格认证持续开发
信息费	0	0	0	
其他	0	0	0	
合计	240	287	290	

表 6-5　　　　　　　　　　　　　　**B 企业 1～3 年利润表**　　　　　　　　　单位：万元

年度	第 1 年	第 2 年	第 3 年	备注
销售收入	0	627	928	收入稳步上升
直接成本	0	280	400	
毛利	0	347	528	
综合管理费用	240	287	290	根据表 6-4 填入
折旧前利润	−240	60	238	
折旧	0	30	60	第 2 年，1 条自动线折旧； 第 3 年，共 2 条自动线折旧
支付利息前利润	−240	30	178	
财务费用	0	70	152	第 2 年，长期贷款 700 万元的利息； 第 3 年，贷款利息加上贴现费用
税前利润	−240	−40	26	
所得税	0	0	0	
净利润	−240	−40	26	

表 6-6　　　　　　　　　　　　　**B 企业 1～3 年资产负债表**　　　　　　　　单位：万元

年度	第 1 年	第 2 年	第 3 年	备注
现金	300	271	289	年初留存现金支付高额利息
应收款	0	309	307	
在制品	30	80	120	第 1 年：开始产品生产
产成品	0	60	100	
原材料	30	10	0	
流动资产合计	360	730	816	
土地和建筑	400	400	400	第 1 年：购入 1 个中厂房
机器与设备	150	270	210	第 1 年：建成 1 条自动线 第 2 年：又建成 1 条自动线

续表

年度	第1年	第2年	第3年	备注
在建工程	150	0	0	
固定资产合计	700	670	610	
资产总计	1 060	1 400	1 426	
长期负债	700	1 080	1 080	
短期负债	0	0	0	
特别贷款	0	0	0	
应交税费	0	0	0	
负债合计	700	1 080	1 080	
股东资本	600	600	600	
利润留存	0	−240	−280	
年度净利	−240	−40	26	第3年：开始盈利，金额不大
所有者权益合计	360	320	346	
负债和所有者权益总计	1 060	1 400	1 426	

（一）前情分析

首先结合融资策略与投资策略，从资金流动情况来看，B企业在第一年进行了700万元的长期贷款，融资策略较为保守。通过第一年的机器与设备和在建工程均为150万元可以推测，其选择新建两条自动线，其中另一条在第一年完成建设，另一条在第二年完成建设。同时，B企业通过贷款700万元，加上股东资本600万元，共获得启动资金为1 300万元。基于此，B企业购买了一个中厂房，从一定角度上控制了租金费用，也为后期资金紧缺、处理厂房变现回笼资金做了准备。B企业还做了市场、资质和产品较为全面的研发，并在第一年生产了产品待售，在第一年年末留存300万元的资金来日常运营。整体来看，B企业能较为平稳地覆盖企业的日常支出。

其次，从企业收入方面来看，B企业在第二年和第三年的广告投入分别为92万元和145万元，在这种背景下，企业分别实现了627万元和928万元的收入，实现了收入的逐步增长。但广告费的增幅58%大于了收入的增幅48%，这在一定程度上说明B企业的广告费投入没有发挥最大功效，收入增长不太理想。从费用控制的角度看，企业在第一年就产生了20万元的设备维护费，说明企业忽视了生产线一旦建成，当年则需缴纳设备维修费，第2年就需要计提折旧，费用支出接踵而至。如果不是为了生产产品，把生产线推至第二年年初建成，不仅可以节约设备维修费，还可以晚一年计提折旧。这就需要B企业内部商讨产品生产和费用控制的重要性比对了。再从市场开拓和产品研发上看，B 企业并没有对全部市场和全部产品进行研发，有所侧重。这表明其生产和销售计划较为明晰，有确定且具体的生产和销售计划，使得企业费用得到一定程度上的控制。

最后，从产能方面来看，B 企业在第一年建成了一条自动线，同时结合第二年的设备维修费为 95 万元，可以推测 B 企业在第二年还建成了一条自助线，并建成了一条租赁线。但 B 企业在第三年经营业绩上升的同时，并没有进行产能的扩张，依旧维持两条自动线加一条租赁线的产能，这是值得关注的地方。正常来说，企业的生产规模需要与企业的收入规模相匹配，当收入不断上升时，企业的生产规模也应随之扩大。这说明 B 企业现有产能足够，后期可以考虑扩大产能。

（二）未来策略

虽然 B 企业平稳运营了前三年，但如何才能突破瓶颈期，实现后期的高速发展呢？本案例拟从融资、产能和市场三个方面进行后续经营分析。

首先，从融资来看，企业目前的所有者权益为 346 万元，贷款上限为 1 038 万元，企业已经贷款 1 080 万元，不能再进行相应融资。

其次，从具体的产能来看，结合前面的分析，企业可以考虑增加企业产能。由于第三年年末企业的现金和应收款的总和为 596 万元，假设预留 300 万元现金给企业进行日常运营，则可将剩下 296 万元资金进行产能扩张，把中厂房剩余的生产线产能利用起来。如果收入订单竞争有效，还可以考虑租用一个小厂房，用于增设生产线，进而扩张产能。

最后，再结合市场来看，由于进行了相应产能的扩张，需要第四年扩大在广告上的投入，争取与产能相匹配的订单数。寻求稳定的经营。进一步地，B 企业可以考虑从第五年开始，匹配相应的市场开拓和产品研发，为后续的全面发展做好准备。

综上，B 企业的整体运营较为平稳，目前经过前面三年的运营后存在的主要问题是融资金额和产能投资额度以及容量上匹配度不够。在后续运营中，B 企业可以结合具体资金规模做好预算，进行相应的产能扩张来匹配企业的发展轨迹。同时，注意做全产品的研发和市场的开拓，产品的分散化经营有助于企业经营风险的扩散，也能确保企业的产能可以较好地转化为企业的收入。

三、持续扩张：第三年年末所有者权益超过初始投资

最后，对运营超前、盈利较多的第三类企业进行分析。本案例选取 C 企业来进行具体分析。C 企业前三年的运营数据如表 6-7、表 6-8、表 6-9 所示。从 C 企业的利润表可以看出，C 企业第二年和第三年的净利润分别为 -7 万元和 302 万元，在第三年实

现了较大幅度的盈利，未来前景较为明朗。C 企业是如何实现这样的大额盈利呢？

表 6-7　　　　　　　　　　C 企业 1~3 年综合费用表　　　　　　　　　单位：万元

年度	第 1 年	第 2 年	第 3 年	备注
管理费	40	40	40	
广告费	0	100	155	
设备维护费	0	115	135	第 2 年：2 条自动线，1 条柔性线，1 条租赁线；第 3 年：3 条自动线，1 条柔性线，1 条租赁线
转产费	0	0	0	
租金	45	45	45	第 1 年：租用 1 个大厂房
市场准入开拓	50	30	20	5 个市场全部开拓
产品研发	80	40	0	研发 P2、P3、P4
ISO 资格认证	30	30	0	研发 2 个 ISO 资格认证
信息费	0	0	0	
其他	0	60	0	第 2 年：紧急采购 1 个 P2
合计	245	460	395	

表 6-8　　　　　　　　　　C 企业 1~3 年利润表　　　　　　　　　　单位：万元

年度	第 1 年	第 2 年	第 3 年	备注
销售收入	0	863	1 835	
直接成本	0	370	830	
毛利	0	493	1 005	
综合管理费用	245	460	395	根据表 6-7 填入
折旧前利润	−245	33	610	
折旧	0	0	100	第 3 年：3 条高级线开始计提折旧
支付利息前利润	−245	33	510	
财务费用	0	40	191	第 2 年：贷款利息加上贴现费用；第 3 年：贷款利息加上贴现费用
税前利润	−245	−7	319	
所得税	0	0	17	权益超过 600 万元的部分，需缴纳所得税
净利润	−245	−7	302	

表 6-9　　　　　　　　　　C 企业 1~3 年资产负债表　　　　　　　　　单位：万元

年度	第 1 年	第 2 年	第 3 年	备注
现金	159	144	189	现金存量合适
应收款	0	283	765	应收款随时可进行贴现
在制品	0	140	190	

续表

年度	第1年	第2年	第3年	备注
产成品	0	80	0	
原材料	0	0	0	
流动资产合计	159	647	1 144	
土地和建筑	0	0	0	
机器与设备	0	500	550	第2年：2条自动线，1条柔性线； 第3年：3条自动线，1条柔性线
在建工程	500	150	0	
固定资产合计	500	650	550	
资产总计	659	1 297	1 694	
长期负债	304	704	704	
短期负债	0	245	340	
特别贷款	0	0	0	
应交税费	0	0	0	
负债合计	304	949	1 044	
股东资本	600	600	600	
利润留存	0	−245	−252	
年度净利	−245	−7	302	
所有者权益合计	355	348	650	
负债和所有者权益总计	659	1 297	1 694	

（一）前情分析

首先，结合融资策略和投资策略，从资金流动情况来看，C企业在第一年选择进行了304万元的长期贷款，这个贷款金额较A、B两家企业来说都要低一些，故其第一年的启动资金为904万元。而其对应的投资策略，从资产负债表中第一年的在建工程为500万元，可以推测为两条自动线和一条柔性线。可见，C企业选择用贷款建线，而没有购买厂房。C企业第一年的综合费用为245万元，与其他两企业差不多。第一年年末的现金为159万元，这个金额相较于前面A、B企业第一年300多万元的现金来说要低一些，同时它在扣除了C企业第二年年初的100万元广告费之后仅剩下59万元。此时C企业在第二年新增了400万元长期贷款来维持企业日常运营。这可以反映出两个方面，一是C企业对于自身的生产计划有一个较为明晰的预算，能够明确计算出自己企业在第一年需要多少资金，进而在进行长期贷款的时候只需贷足本年需要的资金，减少无端利息费用的支出。二是C企业对于自身在第一年将产生的费用也较为清楚，能够计算出自身第一年的净亏损额，借此评估对于企业贷款额度的影响，进而确保自己在第二年的长期贷款功能中能贷到需要的金额，解除了后面无法贷到资金的忧虑。这样操作就可以使得企业免于承担这笔借款资金在第一年所产生的利息费用，把这部分压力放在第二年，递延借入资金，减少当年财务费用。

其次，从产能安排上看，C 企业在第一年新建了两条自动线和一条柔性线后，在第二年又新建了一条自动线，不断在进行产能扩大，但其对于产能的扩张并非盲目，企业在第二年实现 863 万元收入，既保证了后续运营资金的补给，也为产能扩张做了准备，避免像 A 企业那样，产能增加但无法维护日常经营。同时结合 C 企业在第二年的设备维修费为 115 万元，可以推测其在第二年还新增了一条租赁线，进一步进行了产能的扩张。而在多张销售订单要求不断交货的情况下，C 企业储备了较多的速动资金，即现金和应收款共 427 万元，足以维持企业的日常经营。同时 C 企业的贷款金额共 704 万元，这在一定程度上控制了企业的财务费用。最终 C 企业在第二年实现了三条自动线、一条柔性线和一条租赁线，大厂房铺设完全的产能布局。

最后，从企业收入方面来看，C 企业的收入从第二年的 863 万元增长到第三年的 1 835 万元，以 55% 增幅的广告费撬动了 113% 增幅的收入，这让 C 企业的广告投入发挥了最大功效。同时，C 企业既实现了产能扩张，又持有足够的流动资金维持日常运营，这使得其能够在第三年年初投入足够的广告费用来获得相应订单，将产能转化为收入，实现第三年 1 835 万元的订单收入和 302 万元的净利润。

可见，C 企业前三年的运营并没有通过大额的长期贷款在一开始就进行大规模的产能铺设，而是通过详细的资金预算和费用控制，在确保第一年的生产线建设计划得以实施的前提下，确定了一个合适的贷款金额，来进行财务费用的控制。同时，在收入的不断扩大中，配之以适当的产能扩张，稳步实现企业的发展壮大。

（二）未来策略

对于这类经营呈现稳步良好上升趋势的企业，今后的运营中应重点关注哪些方面呢？本案例拟从融资、产能扩张和市场三方面进行分析。

首先从融资方面来看，企业目前的所有者权益为 650 万元，可贷款上限为 1 950 万元，结合目前企业的贷款金额 1 044 万元，企业可以继续融资的金额为 906 万元，故 C 企业可以考虑进行一定规模的生产规模扩张。

其次，产能扩张时，C 企业可以首先考虑其在第三年年末 781 万元的现金及应收账款，如若不考虑进行新的融资，可以考虑新租用一个小厂房，并新购置两条自动线，留下 448 万元维持企业的日常经营活动；若考虑进行新的融资，则可以进一步扩大企业的生产规模。当然，若企业管理人员有足够信心，把控好预算，再次租用大厂房进行产能扩张也是可以的。

最后，面对已经达到的高收入，C 企业可以将产品进一步分散化，研发所有产品，确保各类产品的产能都能被市场所消化，进而分散企业的经营风险。在这种经营模式下，C 企业可以在广告投放时分散资金，尽量确保在较小的广告投入下，获得与企业产能相匹配的订单数量。

综上，C 企业通过较好的预算控制和生产规划，有效控制了企业的成本费用和融资规模，在确保企业产能不断扩张的前提下，降低了企业的财务费用，从而维持了一个较好的企业利润增长，并在第 3 年实现了正向利润，缴纳相应所得税。对于后期经营，C 企业可考虑进一步进行产能扩张，以匹配企业不断扩张的收入规模，同时协调好企业的销售端，确保企业的产能转化为收入，实现企业的良好经营。当然，产能扩张后，小组在既定时间内的操作会变得更加复杂，这就需要管理者们各司其职，注意减少策略失误，加强沟通协作。

四、本节小结

综合前面对于三类企业的分析，可以发现，A 企业破产的重要原因是投融资策略不配比和费用控制不当；B 企业则是生产规模没能随着企业收入的扩张而不断扩大，一直勉强维持经营；C 企业能够实现较大盈利是精心预算、配比投融资、大胆拿单、沉着应战的成果。

具体来看三家企业的综合指标，如表 6-10 所示。第一，在收入上，A 企业第三年的收入 338 万元远低于 B 企业额 928 万元和 C 企业 1 835 万元，拿单的失误也就造成了自身大额亏损，也成就了其他企业在同样市场上的份额增加。第二，在库存资金上，A 企业的流动资金也是三家企业中最少的，也没有应收款，这表明其存在资金链断流的风险，已经走到了资金流断流的边缘。第三，与财务处于困境的局面不同的是，A 企业的生产线规模是三家企业中最大的，远超过 B 企业和 C 企业，这也再次印证了前期过度的产能投资，很可能导致缺乏企业日常运营的资金，不能成功将全部产能转化为企业的收入。故而企业在进行产能规划时，需要充分结合企业自身的资金规模量，合理进行产能扩张。第四，在融资规模上，A 企业也是三家企业中规模最大的，这反映出两个问题：一是企业的融资规模远超过了企业经营能力所能承受的极限，导致企业的财务费用较大，给企业运营造成较大负担。二是企业在进行融资时，没能合理规划企业的融资规模和融资时间，导致企业可能出现大量资金的闲置，未能充分调动企业资源。相反，作为运营良好的代表，C 企业的融资总规模为 1 044 万元，是三家企业中最小的。值得注意的是 C 企业采用的是长期负债与短期负债相结合的形式，并没有一味采用长期贷款，这表明企业的贷款是具有明确的资金用途的，分别为长期资产和短期资产配置不同的负债类型，从而能够有效控制企业的财务费用，为企业控制成本支出。收入、资金、产能、融资等运营情况，最终都会体现在所有者权益的明细项目之中。根据第二章第三节对模拟运营分数的介绍，所有者权益作为计分的重要指标，是需要各企业精心计划、小心操作、用心累积的。

表 6-10　　　　　　A、B、C 三家企业第 3 年综合指标对比　　　　　　单位：万元

第三年	A 企业	B 企业	C 企业
收入	338	928	1 835
净利润	−430	26	302
现金	54	289	189
应收账款	0	307	765
厂房	租入 1 个大厂房，1 个小厂房	购入 1 个中厂房	租入 1 个大厂房
生产线	6 条自动线、2 条租赁线	2 条自动线、1 条租赁线	3 条自动线、1 条柔性线、1 条租赁线
长期负债	1 113	1 080	704
短期负债	0	0	340
股东资本	800	600	600
利润留存	−229	−280	−252
年度净利	−430	26	302
所有者权益合计	141（破产注资）	346	650

因此，想要实现企业的乘风破浪、胜利航行，不仅需要精心制订企业的运营计划，还需要控制好各类费用并初步形成预算，进而能够据此做好企业的融资规划，有效降低企业的财务费用；同时注意保持企业产能随着收入规模合理增加，在扩大产能的同时，注重加大广告投入和增强广告投放技巧，确保产能的扩大，以支撑竞单，促进收入的增加，最终实现企业的价值最大化。

实践案例：投资与融资的配比

第二节　运营的综合案例

一、案例概况

在"大众创业，万众创新"的背景下，创客企业如雨后春笋般出现。2016 年，S 投资公司看重了不少项目，其中有 17 个实体项目产品类似，很有市场前景。S 公司决定

同时对其进行孵化，命名为"雏鸟U计划"，投资期7年，总投资金额1.5亿元。每个实体项目以U01-U17命名。

这个投资孵化项目有5个先决条件：

（1）17个实体项目均以独立核算的公司制企业存在，且不存在相互交易的情况；

（2）S公司对每个项目期初的投资金额均为600万元，投资后，总经理主要通过17家企业的财务报表分析和董事会对投资项目进行投后管理；

（3）17家企业均为2016年建立，投资建厂和研发完毕后于2017年在市场上根据当年的订单进行销售；

（4）假设企业运营时，自建厂房会获得补贴，因此不计算厂房的折旧。

（5）假设企业收入不足导致亏损后，S公司都会有持续投资计划。因此，在运营分析时重点考虑各企业的投融资决策。

2020年，17家企业第4年的财务报表如二维码文件所示。

实践案例：17家企业第4年的三表

2020年，经过4年的运营，S公司项目负责人在投资中期会议上，对17个被投资的孵化项目，从企业投资、成长与盈利三个维度进行了一个全面的了解与分析。

（一）企业投资情况

2016年S公司对这17家企业进行了投资，每家企业投资600万元，合计投资1.02亿元。在2017—2019年中，S公司经由股东会、董事会批准，陆续追加了部分投资，追加投资金额合计2 610万元，具体追加投资情况如表6-11所示。追加的投资主要用于企业相关费用的支付。如果当时不对这些企业追加投资，那么他们将面临破产风险。

表6-11　　　　　　　　　　S公司1~4年追加投资情况　　　　　　　　　单位：万元

企业	第1年	第2年	第3年	第4年	合计
U07				100	100
U08		600			600
U14			100		100
U15				400	400
U16				300	300
U17		300	310	400	1 010
合计		900	410	1 200	2 510

截至2020年年初，S公司合计投资1.271亿元，可用投资余额为2 290万元。从资产规模看，截至第四年年末，即2019年年底，17家企业累计资产总额2.21亿元，总体资产规模呈现出较为集中的情况，即资产规模前五的企业总资产占17家企业合计资产

的将近一半，占比达到 43.53%，资产规模前 5 企业详见表 6–12。

表 6–12   第 4 年年末资产规模前 5 企业

企业名称	资产规模（万元）	占 17 家资产比例（%）
U03	2 421	10.96
U02	2 415	10.93
U01	2 027	9.18
U04	1 405	6.36
U05	1 348	6.10
合计	9 616	43.53

　　另外，在 2019 年年底，有 4 家企业资不抵债，面临破产风险，他们是 U06、U12、U15 和 U17 企业。对于这 4 家面临破产风险的企业，S 公司是增资确保其存续还是任由其破产，这需要总经理在股东会、董事会上与其他高管和董事讨论后进行方案的制订。一分耕耘，一分收获。那在 S 公司对这 17 家项目进行了前期耕耘后，其到底结出了怎样的果实呢？接下来，介绍 17 家企业的成长情况。

（二）企业成长情况

　　这四年来，17 家企业均有不同程度的成长。因为企业从第二年，即 2017 年才正式开展销售业务，之前都在筹备阶段，所以，在第一年中，所有企业都没有收入，故收入及利润分析从第二年开始。从收入数据来看，17 家企业第二年合计收入 0.7 亿元，第三年合计收入 1.17 亿元，第四年合计收入 1.46 亿元，2017 至 2019 年这三年的累积销售收入达到了 3.33 亿元。

　　这 17 家企业的收入来源是销售其制造的产品，每家企业有 2～4 个不同的产品，分别在 2～4 个不同的区域内销售，这些产品和销售区域互相不重叠。此外，这 17 家企业每年获得的订单均能在当年完成交货，即当年的订单能在当年形成销售收入。

　　从销售收入数据和市场环境来看，17 家企业的市场份额从第二年开始不断扩大，预计在接下来的几年里，总体收入将继续保持增长的态势。但由于市场逐渐趋于饱和，收入的增速可能会逐渐放缓。

　　单独来看，2017—2019 年这 3 年累计销售收入最高的 5 家企业分别为 U02、U03、U04、U05 和 U08，这 5 家企业销售收入的总额达到了 1.48 亿元，占 17 家企业销售总额 3.32 亿元的 44%。同时，三年累计销售收入最低的五家企业分别为 U17、U16、U09、U12 和 U11，它们的累计销售收入只占到 17 家企业销售额的 17%。从 2019 年的数据来看，收入突破 1 000 万元的企业一共有 6 家，分别是 U01、U02、U03、U04、U05 和 U08。这 6 家企业在 2019 年的销售收入占到了 17 家企业全年销售收入的一半以上，占比高达 55%。

综合 17 家企业的收入水平和增长趋势，对这 17 家企业进行了排名，其中头部企业 6 家，分别为 U01 至 U05 和 U08 企业；尾部企业 5 家，分别为 U06、U09、U10、U12 和 U17 企业。此外，这 17 家企业对市场的广告与宣传都比较积极，投入了大量的经费在销售费用中。从 2017 年至 2019 年的市场营销费用占总费用的比例来看，每年的销售费用都超过了总费用的 20%，并且销售费用占总费用的比例逐年上升，详情见表 6-13。

表 6-13   17 家企业 1~4 年销售费用情况

年度	销售费用（万元）	总费用（万元）	销售费用占比（%）
第 1 年	0	4 163	0
第 2 年	1 216	5 541	21.95
第 3 年	1 117	4 948	22.57
第 4 年	1 186	4 914	24.14

（三）企业盈利情况

从毛利数据来看，17 家企业每年的毛利均在不断上升，同时，毛利率也在不断增长，详见表 6-14。毛利的增长是因为产能规模效益让企业拿到更多的销售订单，刺激了收入的增长，从而导致毛利和毛利率的双增长。

表 6-14   17 家企业 1~4 年合计毛利情况

年份	合计毛利（万元）	合计毛利率（%）
2016	0	0
2017	3 840	55.25
2018	6 910	58.86
2019	8 640	59.38

另外，为了对成本费用进行综合考虑，应计算企业的税息折旧及摊销前利润（Earnings before Interest，Taxes，Depreciation and Amortization，EBITDA）。这一指标剔除了税费、利息以及折旧的因素对利润的影响，可以较为真实地反映企业业绩，解释生产经营的成本费用相关关系。17 家企业合计的 EBITDA 从 2017 年至 2019 年分别为 -1 706 万元、1 962 万元和 3 762 万元，每年都在增长，这也反映出了 17 家企业的综合经营效率在不断提高。从排名来看，3 年累计毛利排名前五的企业分别为 U01 至 U05，这 5 家企业的毛利合计占 3 年累计总毛利的 44%。从 2019 年经营业绩来看，当年 EBITDA 为正数的共有 5 家企业，这 5 家企业也正好是 3 年累计毛利排名前五的企业，即 U01 至 U05。

从 17 家企业合计的净利润数据来看，2017 年合计净利润为 -3 333 万元，2018 年

合计为 -1 325 万元，2019 年为 214 万元，总体来说，企业已逐步扭亏为盈，步入正轨。分企业来看，大半企业都还在盈亏线上挣扎，个别企业更是处于大额亏损的境地。单看第四年的数据，2019 年获得净利润的企业一共有 8 家，其中 U01 和 U08 首次在当年扭亏为盈。综合 17 家企业来看，大部分企业每年的净利润及净利润率均在稳步提升，经营成果开始体现。

从利润增长的趋势来看，可以对 17 家被投资企业的投资成本收回时间进行预测。预计 S 公司在 2020 年可以收回对 U02、U03 的投资成本，2021 年可以收回对 U01、U04 和 U05 的投资成本，2022 年可以收回对 U08、U13 和 U14 的投资成本。为了清楚地知道投资回报，进行 17 家企业的投资回报率（Return on Investment，ROI）的计算。从第二年开始，17 家企业的综合投资回报率从 -31% 过渡到 -12%，再增长到 2019 年的 2%，预计 2020 年的 ROI 将继续保持增长。从 17 家企业单独来看，3 年平均 ROI 为正的企业一共有 3 家，它们分别是 U03、U05 和 U02，其 ROI 分别为 53%、14% 和 2%。单看 2019 年的数据，ROI 为正的企业一共有 8 家，分别为 U01、U02、U03、U04、U05、U08、U13 和 U14，据此预测可在 3 年内收回对这 8 家企业的投资。

二、整体案例的投融资决策分析

可见，同样都是 600 万元的初始投入资金，17 家企业中有的企业投资回报率高达 53%，但有的企业 ROI 却为负数。形成这样的经营结果，还需要结合企业具体的运营策略深入分析。核心则是在于投资与融资决策的设计与实施。

首先，来看融资的情况，在经营初期，17 家企业中有 10 家企业选择了 1 000 万元以上的高额长期贷款，利率是 10%。但自贷款的第二年开始，各企业开始在每年年初支付较大金额的利息，加之现金流控制不当，大量应收账款贴现，形成高额的财务费用，给利润增长带来了负担。根据报表数据，各企业 3 年累计的财务费用平均值是 318 万元。而贷款多的企业无一例外，其财务费用均高于平均值，最高的达到了 570 万元。大家可以关注到，在没有收入的第一年，权益会下降，影响投资额度，各企业都着急在开始时举债。其中 U01、U02 企业在第一年就进行了 5 年期的长期贷款，金额高达 1 800 万元，是初始投资额的 3 倍。U06、U12、U17 企业在第一年进行了 5 年期的长期贷款，金额约为 1 200 万元，是初始投资的 2 倍。进一步来看，在 17 家企业中，约有 60% 的企业，都采用了激进的融资策略。高额融资并非不可以，关键在于募集来的资金要投资有效，也就是说"好钢要用到刀刃上"。每一笔借款都会有相应的借款成本，也就是利息。要让这些利息支付得物有所值，不管是投资建设厂房，还是布置生产线，又或者是研发产品，每一分钱都需要用到位。

其次，从投资决策来看，前三年，各家企业最大的资金占用是产能的布置，主要是厂房、生产线的购买和租用。每家企业看上去都在积极地扩产、增产，但买或租的决策却各异。财务上，投入产能布局所产生的费用主要是企业生产线的维修费、折旧费和租金这三种。维修费是生产线自建成开始，每年都需要缴纳的固定费用，越高级的生产线维修费用就越高。折旧费是生产线在建成使用后的第二年才开始计提，现阶段的计提方法是直线折旧法，也就是说，每条生产线每年的计提折旧计入费用的金额都是相同的。租金是指租用厂房和设备所给付的金额，每年都需要支付。

通过统计 17 家企业在产能布置上产生的费用发现，产能布置费用累计为 13 206 万元，占到了总资产（22 081 万元）的 59.81%。这样大的金额仅靠初始投资，是不足以支撑企业运营的，故而，很多企业采取了贷款的方式进行产能投资，但贷款金额使用合理的企业并不多，大部分都形成了沉没成本。具体来看，第一年和第二年生产线的折旧费用并不高，但第三年开始进行了大量的计提，对企业的利润带来较大的压力。此外，生产线的维修费用占比也较大。租金，特别是厂房租金在前四年变化不大，主要的投资仍然集中在生产线的铺设与维护上。

最后，从投融资的配比情况来看，17 家企业在第一年共融资 15 219 万元，其中，长期负债 12 700 万元，短期负债 2 519 万元，而在第一年 17 家企业一共用于投资在固定资产的金额为 7 710 万元，远低于 17 家企业在第一年进行的长期负债的借款总额，这表明企业借入的长期负债只有 60% 进行了长期投资，剩余的资金规模加上各企业的初始权益 600 万元则全部用于投资了企业的日常运营，这导致较为严重的投融资不配比，即企业借入长期资金，但长期性资产投入不足，金额用于了日常经营，造成"长贷短投"的现象。盲目的融资增加了企业运营的财务费用和财务风险，留存了大量的现金。换句话说，企业用长期贷款的本金来支付利息，而没有形成收入来补偿利息支出，因此，这样的贷款是非常不划算的。

三、个案选择与投融资决策分析

从项目总体看来，S 公司认为"雏鸟 U 计划"运营情况不佳。一般来说，同质企业，运营较好企业的方案可供其他企业参考，运营困难企业的经验教训可供其他企业借鉴回避。接下来，本节将通过个案选择，继续深入分析"雏鸟 U 计划"的运营具体情况。

本节选取了 U02、U06、U08 和 U17 这四家企业具体分析企业的财务战略，进而将外部融资为初始投资的 3 倍和 2 倍的 U02 和 U06 企业分为一个对比组，作为第一种情况，即融资激进的小组进行分析。第二种情况，本节将投资方额外追加投资的 U08 和

U17 企业分为一个对比组，分析其注资后的运营情况。第三种情况，本节根据 17 家企业整体的盈利情况，选择头部企业 U02 与 U08，尾部企业 U06 与 U17 再次配对进行对比分析。

（一）激进融资下不同的投资策略对比

表 6-15 显示，U02 企业在生产安排上选择的是租用厂房，投资建设生产线的方式，整体的投资布局较为稳健。企业在经营初期就选择了 1 800 万元的五年期长期贷款，每年的财务费用为 180 万元。到 2019 年，也就是第四年，已支付三年的累计财务费用为 570 万元，其中 30 万元是额外进行短期贷款所支付的利息费用，可见 U02 企业的融资策略非常激进。4 年内在产能项目的费用支出上，生产线的维修费用累计为 380 万元，折旧费用累计 280 万元，厂房租金累计 273 万元。U02 企业在财务费用上的支出超过了各项产能项目费用的支出，说明该企业在投资融资的金额上并不配比，融资额度超过了实际的投资需求，造成了一定的贷款额度浪费和不必要的财务支出。此外，该企业的维修费用和折旧费用从 2017 年开始稳步上升，说明 U02 企业根据每年增长的市场需求，逐步扩大产能，稳定增设生产线，并根据生产线的需求增租厂房。订单的争取，使得企业在第二年就实现盈利，且净利润持续增长。但随着市场的变化，U02 企业也承担着一定的风险，尤其是其贷款金额过高，2021 年，U02 企业就面临着 1 800 万元的贷款本金和利息费用的一次性偿付，其未来的前景依然存在考验。

表 6-15　　　　　　　U02 企业 1～4 年主要财务数据　　　　　　单位：万元

项目	2016 年	2017 年	2018 年	2019 年	总计
贷款	1 800	1 800	1 800	1 800	
维修费	0	80	120	180	380
折旧	0	0	120	160	280
租金	40	40	80	113	273
支付利息前利润	-230	134	278	403	
净资产	370	324	422	611	

与 U02 的企业对比，表 6-16 显示 U06 企业的经营策略同样是高额的长期贷款，并选择不占用资金购买厂房，而是租用厂房。U06 企业的 4 年累计财务费用是 378 万元。但是，从该企业的各项产能费用支出来看，他的经营策略并不像 U02 企业那样脉络清晰，增长性强。具体看，首先，U06 企业的厂房租金始终维持在每年 45 万元，即一直租用一个厂房，表明 U06 企业在后期没能实现产能的突破。而生产线的投入变化较大，在第二年和第三年支出过高，是 U02 企业的两倍。后期资金短缺，没有进一步更新生产线的投入。同时，U06 企业的净资产情况并不乐观，随着 2017 年、2018 年两年的高

额费用支出，企业的权益面临极大的考验，逐年骤减。这就说明，在第四年减少生产性的投入是为了降低费用支出，维持公司不破产不得已而为之，进而牺牲了产能和盈利，使得原本在第三年已经实现了利润转负为正的情况下，第四年因为不得不缩减产能而导致利润骤减。可见，对投资和融资没有合理的规划，容易造成企业无法持续发力，不能按照市场需求自主调整产能和经营策略，导致经营混乱，被企业的资金情况牵着鼻子走，有再多的想法也无济于事。而且，该企业还面临 1 200 万元贷款的还本付息，前景不明。

表 6-16   U06 企业 1～4 年主要财务数据   单位：万元

项目	2016 年	2017 年	2018 年	2019 年	总计
贷款	1 200	1 200	1 200	1 200	
维修费	0	115	115	60	290
折旧	0	0	90	90	180
租金	45	45	45	45	180
支付利息前利润	-185	-262	106	6	
净资产	415	33	5	-113	

（二）追加投资后的投资策略对比

在第二种情况下，第二个对照组中，U08 企业的融资策略相对保守，但投资策略比较激进，如表 6-17 所示。U08 企业在期初选择了 800 万元的长期贷款，四年累计财务费用为 106 万元。但其融资少、投资多，直接导致了 U08 企业不得不寻求投资者追加特别贷款，以维持现金流。激进的投资策略反映在企业对产能的投入上。U08 企业在第一年就产生了 195 万元的维修费用，而大多数企业在第一年并没有这项费用支出，这是因为企业对投资时间把握不合理造成的。维修费是生产线从建成开始投入使用后，每年都需要缴纳的固定费用，越高级的生产线维修费越高。生产线的级别不同，需要投资建设的周期也不同。企业如果在第一年就建成了生产线，开始安排生产，那么根据规则规定，第一年是没有订货会和收入的，此时的企业不仅不能交易，还需要额外支付生产线的建设费用、维修费用，同时折旧费用的计算也随之提前了一个年度。因此，有计划的企业会合理规划投资生产线的时间，根据不同生产线建设时间的不同，选择在第二年的第一季度才完成生产线的建设，随后再投入生产。这样，生产线的维修费用就可以在第二年才开始支付，折旧费用在第三年才开始计提。费用支出往后递延了一个会计年度，刚好和收入进行配比。这就是 U02、U06 两家企业前两年没有折旧费，第一年没有维修费的原因。而 U08 企业由于投资生产线过早，使得第一年就支付了高昂的维修费，这一投资决策的冒进给 U08 企业的资金流带来了压力，不得不寻求追加投资渡过难关。

好在，U08 企业产能高，又抓住了市场机遇，利润一直保持高速增长，在 2019 年实现了全部 17 家企业中的最高利润，未来前景看好。

表 6-17　　　　　　　　　U08 企业 1～4 年主要财务数据　　　　　　　　单位：万元

项目	2016 年	2017 年	2018 年	2019 年	总计
贷款	800	270	580	240	
追加投资	0	600	0	0	
维修费	195	50	50	50	345
折旧	0	30	70	70	170
租金	73	73	40	40	226
支付利息前利润	−510	−218	−83	425	
净资产	90	432	330	708	

如表 6-18 所示，同样获得了大额追加贷款的 U17 企业，采取的经营策略是 1.5 倍于初始投资额的长期贷款 900 万元，融资金额在全部 17 家企业中处于中等水平，同时租用厂房进行生产。与 U08 企业相同的一点是，该企业同样忽略了产品投资时间问题，在第一年就完成了生产线的建设，但却没有配比产品研发的时间，无法进行生产。这就致使 U17 企业在当年就产生了 220 万元的高额维修费用，资金链断裂。从第二年开始，虽然投资方每年都追加投入了特别贷款，帮助企业维持运营。在这样的运营压力下，U17 企业没能及时调整经营策略，在生产线的投入上居高不下，四年累计维修费用高达 880 万元，但生产计划不足。同时，U17 企业经营疲软、订单匮乏，没有将高产能转化为高利润，处于持续亏损的状态，未来前景堪忧。

表 6-18　　　　　　　　　U17 企业 1～4 年主要财务数据　　　　　　　　单位：万元

项目	2016 年	2017 年	2018 年	2019 年	总计
贷款	900	900	900	900	
追加投资	0	300	310	400	
维修费	220	300	190	170	880
折旧	0	0	120	90	210
租金	80	80	80	80	320
支付利息前利润	−460	−314	−518	−332	
净资产	140	−2	−310	−354	

（三）投融资配比的适度与偏差

通过对前面 4 个个案的分析可见，U02 企业和 U06 企业的共同问题是投资金额和融资金额的不配比，造成了经营失衡、后续乏力的问题。而 U08 企业和 U17 企业是前期融资策略选择失当，加上投资时间选择不恰当导致企业资金链断流，靠追加投资维持。经营策略的选择不同，最终导致了企业经营效益的不同。通过对比分析可知，在选择激进的融资策略时，需要匹配较大的产能规模来支撑企业的高杠杆运营，从而将企业产能转化为收入，维持企业支付高额的财务费用，否则企业将被融资带来的系列成本拖垮。同时，不管是计划不周还是估计不足，企业被追加注资后，仍可以通过匹配良好的投资策略和稳健的打法让企业整体实现较高的经济效益和高速发展。但从总体来说，17家企业普遍存在融资过高、投资激进且缺乏控制的问题，造成了前期费用攀升、入不敷出情况，确实令人担忧。

由于 S 公司对项目的孵化周期为 7 年，在分析了 17 家企业过去 4 年的经营情况后，需要对这 17 家企业未来 3 年的投资规划进行摸底。根据现状，"雏鸟 U 计划"的 17 家企业被分为三个大类，分别是收入小于成本，即每年亏损；收入与成本基本匹配，勉强维持经营；收入大于成本，经营状况持续向好。分别在这三大类企业中选取典型代表进行今后 3 年的决策分析，经过分析，选定 U06、U11 和 U02 这三家企业进行分析决策。

决策分析：U06、U11 和 U02 的分析决策

四、案例小结

通过对 17 家企业的综合分析可见，从筹备期起，经过四年的经营，各企业的收入在呈现稳步上升的趋势，同时利润也随着上升。而从投融资角度看，各企业的投资策略与融资策略均还存在不匹配的情况。本案例中，较为突出的问题是融资策略较为激进，超过了投资项目所需资金，从而导致企业的财务费用加大，增加了企业的运营压力。同时，企业在产能和研发上的投资时点缺乏把控意识，支付了较多的运营费用。总的来说，以 2020 年为拐点，S 公司拟对经营较好的企业配比更多的投资金额，对于现在亏损严重、经营乏力的企业适当进行破产重组，并且，将现有的投资运营经验总结为以下三点。

（一）投融资策略做好配比

鉴于存在"先确定投资项目，再进行融资"和"先确定融资金额，再进行项目投资"两种投融资策略，企业可结合自身特征进行具体策略选择。但不管企业选择哪种策略，应做好投融资策略的匹配。一般匹配原则是，长期负债用来进行企业的长期项目投资，如厂房构建、生产线建设和相应研发等；短期负债用来补充企业的流动资金，例如原材料采购和产品生产等。企业在选择具体融资方式时，应结合资金的投向进行，同时需要提前做好资金规模的预算，从而使融资规模与资金需求相匹配，避免出现资金闲置或资金不足的现象。

（二）掌握好投资时间，避免投资时点提前或延后

结合企业运营的规则，由于在生产线建成的当年就需要支付维修费用，在生产线建成的第二年才进行折旧，企业在进行投资时点的选择时，可充分考虑该点，尽量在第二年年初建成生产线，以减少维修费用的支付和延迟折旧的计提年限，从而达到成本控制的目的，避免支付额外经营费用，增加企业的资金流压力。如若在第一年内建成了生产线，需要支付相应维修费，那就需要配比产品研发、原材料购进、开机生产，形成产成品，尽量争取市场订单，将产品销售出去，用收入来补偿成本。

（三）产能随收入规模稳步扩张，并匹配好相应的市场策略

在企业做好期初的生产线投资后，随着收入规模的不断扩大，企业可以随之进行产能的扩张，来维持企业的高速成长。而对于产能规模的扩张，则需要结合企业现存的资金规模制定。同时，在企业进行产能扩张的同时，企业需要提升自己对于广告费的投放来匹配扩张后的产能，以确保企业能够将产能转化为收入，最终实现企业利润的最大化。

第三节　运营操作偏差的总结

在企业模拟运营的过程中，计划与决策固然重要，但系统操作也需要尽量减少失误。在电子沙盘的模拟中，由于是在线上系统里通过点击与数据填入来进行运营操作，如果运营者对于系统规则不熟悉或者由于时间紧张等原因，可能会产生一些常见的操作失误点，本章总结如下三点。

一、运营录入时的操作偏差

（一）错误录入

错误录入（简称"错点"）是指在进行指令录入时，运营小组进行了错误的指令输入。例如，在进行原材料采购时，原本企业需要采购 3 个 R2，由于录入错误，只采购了 2 个 R2，这将导致企业原本计划生产的 3 个 P2 由于原材料短缺，进而可能相应地影响当年的订单交付或发生紧急采购增加成本等一系列情况。错点可能会引发一系列的后续影响，电脑操作时，各企业应尽量避免此类错误。

（二）忘记录入

忘记录入（简称"漏点"）是指在进行系统指令录入时，企业原本的计划里需要进

行某项命令的录入，但在实际操作时忘记进行该指令的录入。例如，在生产线建设的各周期忘记对于生产线进行连续建设，由于自动线和柔性线均需要进行多期的建设，故而在系统里每一期间均需要对生产线点击进行连续建设，才能保证生产线建设的持续推进。假设企业原本打算在第二年的第一季度建成 2 条生产 P2 的自动线，由于在第一年第三季度忘记推进生产线的继续建设，导致企业只能在第二年的第二季度才能进行 P2 的建设。这使得企业第二年的产能减少了 2 个 P2，导致企业可能损失 2 个 P2 所能带来的收入 140 万元左右，进而减少利润约 80 万元，所带来的后续结果直接影响企业权益，影响较为严重。故而各企业应充分认知运营规则，熟悉操作路径，避免类似情况的发生。

（三）错位录入

错位录入（简称"误点"）是指在进行系统指令录入时，由于同一界面存在多个类似指令，导致错位进行了指令的选择。对应的情况可能有企业在选择研发产品时，原计划研发 P2，却错选成了研发 P1，最终导致企业的生产计划发生变化，可能会涉及生产线的转产问题或者企业的生产计划延期。类似的情况也可能发生在市场开拓、原材料订购等具有多项选择的项目上。这种错误所带来的影响不是一时性的，而是长久的。例如，研发的产品从 P2 变成了 P1 后，会将企业原本的生产计划、采购计划、产能布置都打乱，使得企业的多个方面都受到影响，自乱阵脚。为避免类似的情况发生，各企业需要在进行系统操作时谨慎小心，确保自己的功能点击符合本企业的运营计划，以及提前熟悉系统各板块的设置及其对应的功能。

二、市场竞单时的操作失误

这种常见情况是在决定企业收入的关键时刻，企业出现了选单操作失误。每年年初的订货会是企业唯一的收入来源，各企业应高度重视。此环节的常见操作失误分为无法选单和选单失误两种情况。无法选单是指企业无法参与订单的选择，出现这类情况的原因可能有两个：一是企业没有进行相应市场的开发，导致无法选单；二是企业没有在该市场投入广告费或者投入广告费不足起始点，导致无法选单。由于订货会的选单规则是根据各企业在该市场投入的广告费多少进行排序，然后确定选单顺序，若广告费投入不足则很有可能导致最终不能选单。

选单失误是指由于企业人员在进行操作时导致的各类失误，常见的有看错或漏看、点错或网络卡顿、超时等三类情况。

（一）看错或漏看

此类情况的出现主要是因为企业人员在进行选单时，将选单信息看错或者漏看到相应选单，导致企业最后选单与自身预期不一致，进一步导致企业产能过剩或不足，影响货物交付，进而损害企业利润。故而选单时，企业各成员可一起查看订单信息，在选单前集体确认，避免类似情况发生。此外，系统界面给予了订货会看单和选单界面的自定义排序功能，即在订单内容的每个项目上都有三角形的筛选按钮，操作人员可以选择项目，点击按钮进行由大到小，或由小到大的排序，迅速锁定订单。

（二）点错或网络卡顿

点错或网络卡顿主要指小组成员点错单，或者系统出现卡顿，或老师对系统进行了暂停或重新选单的情况。系统由于网络不稳定可能会出现卡顿情况，这类情况下有可能会使得企业人员点错订单信息。同时网络卡住的另一个常见原因可能是老师因为教学需要对系统选单进行了暂停或重新选单，此时各企业人员只需根据老师的相应提示进行操作即可。不管是点错还是系统卡顿，只要能获取订单，虽然不一定能达到预期，但都可以通过决策调整，继续运营。但如果未能获得订单，那企业就会有一定的损失。当个别小组出现损失时，通常不会因此暂停或重新进行选单而影响大局。那么受损的小组只能默默接受这样的失误，与其懊恼不已，不如紧盯盘面，关注下一次选单，事后再向裁判端申报。其实，防止此类因不可抗力导致的未能选单，企业可以由多名同学同时开启订货会，当一台电脑出现卡顿时，立刻刷新页面或由其他同学进行选单。当然，最为重要的是，不要拖延选单时间，看准了就选择，为系统卡顿等调整操作给出时间。

（三）超时

超时是指由于系统规定了每组成员的选单时间，倘若该企业一直不进行选单的操作，而在最后 5 秒进行选单，很有可能由于网络的延迟，导致企业最终的选单指令没能成功上传，从而出现了由于超时选单而导致的选单失误。为避免此类情况，各小组应注意在固定时间内提前完成选单，留给系统充足的指令上传时间，以避免自身经营计划受到干扰。

三、引发操作偏差的原因

出现操作失误的情况经常会有，但为何会出现上述情况，总结下来发现原因有三，即心理因素、沟通因素和系统因素。

（一）心理因素

由于系统操作有时间限定，运营者出于紧张等因素会出现上述的各类操作偏差问题，这类问题较为常见。这类现象主要出现在广告费的投放或者企业期末财务报表的填制情况中。由于广告投放时间比较短，同时各企业需要在这段时间内分析其他企业前一年的广告投放情况来决定今年的广告费投放情况，并且倘若广告投放超过规定时间会导致小组扣分。基于此，某些操作人员极易出现紧张等一系列情绪，进而出现填写失误等情况。年末填制财务报表时，时间紧张、业务烦琐、环境嘈杂、填写复杂，财务总监此时高度紧张，容易出错。对于这类情况，建议企业可以充分运用预算表，提前将大致的报表金额确定。这样既可减轻报表填制的工作压力，也可减缓紧张情绪，减少失误情形。同时，若存在有企业人员的指令录入工作量较大的情况，企业的其他人员也可帮其分担部分任务，从而减轻其紧张程度，进而减少类似操作失误。

（二）沟通因素

出现系统操作失误的另一个主要原因是沟通不到位，即企业成员之间协作不熟练等，容易导致指令输入成员未能准确理解相关成员的真正意图，在指令输入时，出现与预期生产计划的偏差。针对这类情况，最主要的解决方式是勤加练习，增强各企业成员之间的沟通。沟通时可以不限于与企业经营模拟相关的话题，此时，需要企业 CEO 充分协同，缓和氛围，通过提升企业成员之间的熟悉程度来避免出现类似沟通不畅等问题。

（三）系统因素

还可能出现系统操作偏差的原因是系统出现故障等，但这类情况发生的概率偏低。倘若在实际经营中遇到此类情况，操作者首先要淡定，虽然会出现一定的情绪波动，但要学会控制情绪，淡然处之。即便在现实企业的运营中，也会出现很多变数或意外，运营并不一定完全按照预设轨迹进行。最重要的是能根据已经发生的既定事实，适当调整形态与运营思路，泰然处理当前的问题，可将此类情况视作现实对企业的一种考验。其实，各企业面对考验的态度，决定了其最终能否在商海中乘风破浪、披荆斩棘。

通过对以上常见的操作失误情形的总结可见，出现操作失误的主要原因为企业人员对系统各功能板块不熟悉、对规则设置不熟练、各企业成员之间沟通不紧密以及企业业务的预算机制不完善等。前事不忘，后事之师。了解到上述的操作失误点后，各企业应制定相应策略以减少类似情况的发生以及对运营情绪的持续影响，稳扎稳打、勇攀商业高峰。

- - - - - - - - - - - - - - - - ◯ **温故而知新** - - - - - - - - - - - - - - - - ■

从一家企业的运营看过去，像是经营者的角度，关注着企业运营的方方面面，总觉得小组成员为了采购、生产、销售等各种流程，以及计算、预测、调整等，忙个不停。如果看到自己的盈利一点点地在增加，那还有盼头；但如果营业收入老是不尽如人意，这多让人感到沮丧啊！总想着，要是能重来一次，一定不会那样布局了，但哪有那么多如果呢！从另一个角度来说，如果从裁判的视角看过去，就像是从投资者的角度，看到的是这个市场的全局。跳出日常生产运营，也许你更能看到投资与融资的决策配比，或者是预算与实施的重要性。如果从不同路径引入的资金搭配不对正确的投资，那就像是走上了一条弯路，事倍功半。又如果没有预算辅助，那就像是盲人摸象，对运营只能是个感觉了。不管怎么说，企业的运营总是需要经过反复的模拟与演算，并不是说能走向多么成功，而是锻炼了处理问题和及时调整的能力，让经营过程更加灵活，推进更加有效。好了，读了那么多，也许也做了那么多，好好体会，细细总结吧。

番外篇：学好、做好
和玩好

第七章　玩家心态

正式运营刚刚落下帷幕，学员们在叽叽喳喳地讨论运营结果。

第一名的小组：耶！沙盘模拟运营太有趣了！我们的所有者权益有 2 100 多万元，比开始时翻了 3 倍还要多，这次赚大了。

破产的小组：现在还是不明白为什么我们突然就破产了，还好有股东注资，苟延残喘完成了运营。唉，模拟运营好难啊，太遗憾了！

教师：无论大家的成绩如何，坚持完成运营就是好样的，接下来我们以几个小组为例分析一下……

第一节　玩家组合与风险偏好

一、单人运营

（一）概述

单人运营指由一个人模拟一家企业，独立完成各类决策和系统操作。在商战系统中，每家模拟企业仅能通过一个账号登录进行操作，即单人运营在系统中是可实现的。这也意味着学员作为模拟企业的总决策者，需要全权负责财务、采购、生产、销售等各方面的经营，对学员相关知识的掌握程度、规划应变能力和系统实操都提出了较高的要求。

（二）单人运营的优势

1. 便于重复练习

在单人运营中，所有运营角色均由一人承担，账号也由一人操作，无须考虑岗位设置的完整性和职责分工问题，只需一人即可完成模拟运营，脱离了人数的限制，便于学员在课外协调时间多次重复练习，从而达到熟能生巧的效果。

2. 有助于整体把握运营方向

单人运营整个模拟企业，就意味着其不再担任某个具体的岗位或角色，而是站在更高的视角把握企业的发展方向，决定运营总策略。在实际操作过程中，学员更能深刻地理解各个岗位在企业运营中所承担的职责和彼此之间的相互关系。如果说小组运营是多人合作，那么单人运营则是让企业的资金流、物流、订单流、信息流相互印证、有效联动，有利于学员知识结构和能力体系的构建。

3. 决策流程简单

单人运营中，企业生产经营各个方面的决策权都集中到一个人的手上，因此决策过程往往较为简单，不会因队友之间的意见分歧而影响决策效率。

（三）单人运营的弊端

1. 运营时间紧张，容易失误

不同于小组合作的通力配合，单人进行模拟运营，不仅需要制订企业单季度的经营计划和整个运营期的发展规划，也需要在规定的时间内按步骤有序地完成系统操作。这样一来，原本相对充裕的运营时间便显得有些紧张，学员容易产生慌乱的情绪，从而导致计算错误或操作失误。因此，一个人在参与模拟运营前应重点关注运营时间表，明确在各个时间段里需要完成哪些活动，并提前安排好顺序，在运营时做到心中有数，尽量避免低级失误。

2. 运营策略缺乏灵活性

单人运营的模式和风格容易受到个人主观色彩的影响，决策往往较为单一，缺乏必要的变化和转换，容易在短时间内被竞争对手摸透，而模拟运营本身就类似于一种博弈，决策风格过于固定将导致在市场竞争中落于下风，而让对手占得先机。因此，学员一个人运营时要注意保持思维的敏捷度和决策的灵活性，适时调整策略，这样才能在高手如云的沙盘赛场游刃有余。

二、多人组组运营

（一）概述

多人组组运营指多名学员组成小组，分别扮演企业管理中的不同岗位角色，一同参与沙盘模拟运营。多人运营是沙盘模拟运营更为普遍的形式，也是模拟运营教学不同于传统课堂教学的重要特征，有助于学员更迅速地提升和成长。

（二）多人组组运营的优势

1. 分工明确，各司其职

多人模拟运营的角色一般可分为总经理、财务总监、采购总监、生产总监和销售总监，分别承担不同的岗位职责。小组成员各司其职，专注于各自的任务，一方面有助于深入理解某方面的经营活动对企业运行的影响，从而能以更专业的视角为企业发展提出意见；另一方面也有利于保证模拟运营过程中操作的可控和有序。

2. 注重沟通，发挥合力

多人组组运营中，虽然小组各个成员在模拟运营中承担的职责不同，但他们的目的都相同——实现股东财富最大化。这就要求各个岗位的小组成员在运营中随时保持沟通，及时交换信息，保证决策基础的一致性。在面对关键的决策节点时，小组成员需要从不同的角度贡献自己的想法，同时听取他人的意见，充分交流探讨，最终得出最优的决策方案。这样团队才能发挥1+1>2的作用，让企业行稳致远。即使模拟运营的分数不理想，在其中收获的团队精神和共赢理念也是十分宝贵的。

（三）多人组组运营的弊端

1. 组内易产生意见分歧

小组中的各个成员站在不同的角色立场上，出于对企业利益不同角度的考量，在运营过程中对经营策略的看法往往会有分歧。例如：财务总监秉承着谨慎性原则，往往更厌恶风险，决策也相应地保守；生产总监则有时急于扩大企业的产能，旨在快速扩张企业的规模，对风险的厌恶程度较低，决策更为激进。在意见难以调和、决策时间紧迫的情况下，采纳任意一方的意见都可能招致另一方不满。若运营时出现失误，更易导致小组成员之间互相推诿指责，进一步影响正常的运营。因此，小组应注意有序讨论，提前约定决策方法，做好协调配合，将精力和时间集中在模拟运营中。

2. 参与度难以保证

多人组组运营的关键之一就在于集思广益、通力配合，但在实际的运营中，总是存在部分小组内部讨论交流不充分的情况，以致出现两种极端现象：主要由组内一人完成所有的运营步骤，其他人不参与讨论和决策，出现"搭便车"的现象；组内成员分工不明确，部分岗位职责实际上无人承担，部分成员展现不负责任的态度、滋生蒙混过关的想法。在这两种情况下，学员的参与度都难以保证，同时外部监督也难以发挥作用，从而导致模拟运营的目标无法达成。教师更应注意学员观念的引导，并帮助学员适应多人合作的学习模式。

三、风险偏好与战略形态

（一）理论定义

模拟运营是一个动态竞争的过程，参与者在运营全程都需要对模拟企业的经营情况和市场环境做出分析判断，并据此决策生产和采购计划以及订单安排等。与现实中的企业类似，模拟企业也面临经营风险和财务风险。经营风险是指由于生产经营变动或市场环境改变导致企业未来的经营性现金流量发生变化，从而影响企业市场价值的可能性。

财务风险是指企业因借入资金而产生的丧失偿债能力的可能性和企业利润的可变性。在面对模拟经营中的不确定因素时，决策者的风险态度和采取的战略形态对结果有重要影响。

1. 风险态度

风险态度是指人对风险所采取的态度，是基于对目标有正面或负面影响的不确定性所选择的一种心智状态，或者说是对重要的不确定性认知所选择的回应方式。风险态度一般分为风险偏好、风险中性和风险厌恶三种。风险偏好是主动追求风险，喜欢收益的波动性胜于收益的稳定性的态度；风险中性是相对于风险偏好和风险厌恶的概念，风险中性的投资者对自己承担的风险并不要求额外风险补偿；风险厌恶是一个人接受一个有不确定的收益的交易时相对于接受另外一个更保险但是也可能具有更低期望收益的交易的不情愿程度。在单人运营中，风险态度由决策者一人的风险态度决定；多人组组运营中，小组的风险态度则是小组成员协调讨论的结果。

2. 战略形态

战略形态是指企业采取的战略方式及战略对策，一般是综合企业自身和外部的环境决定的，对企业的经营成果和未来的发展走势有很大的影响。战略形态按照表现形式可以分为拓展型、稳健型和紧缩型三种类型。拓展型战略是指采用积极进攻态度的战略形态，该战略能帮助企业快速扩张；稳健型战略是采取稳定发展态度的战略形态，该战略能有效控制经营风险，但发展速度较为缓慢，竞争力量弱小；紧缩型战略是采取保守经营态度的战略形态，该战略整合有效资源，严格控制各项费用支出，应对外界环境对企业的威胁，为后期发展积蓄力量。企业选择的战略形态往往与其风险态度存在一定的对应关系，在参与模拟运营时，学员需要分析市场状况和企业的主要风险，并结合自身的风险承受意愿及承受能力制定适宜的经营策略。

（二）风险偏好型小组与拓展型战略

由于风险偏好型小组更倾向于获得不确定性高的收益，以追求博得高收益的可能性，因此这类小组往往会采取拓展型战略。小组在商战模拟运营中通常表现为，采取较为激进的投资策略，积极购租厂房并建设生产线来扩张固定资产，相应地增加原材料的购买，在短期内获得较大的生产规模，同时进行各类资质的高密度研发投入，并投放相对高额的广告，以获得更多订单。不难看出，采取拓展型战略需要大笔资金做支撑，由此企业也应采取与投资策略相匹配的融资策略，即使用较高的财务杠杆融资。这样一来，企业一方面具备了追逐高利润的机会，另一方面也因为较高的财务杠杆导致经营的容错率降低，稍有不慎就可能导致资金周转困难，甚至破产。

在企业的经营顺利稳定，且小组的风险承受意愿较高的情况下，如果企业采取了稳健型或收缩型战略，则可能导致资源的浪费，错失发展良机，不利于企业核心竞争力的建立，虽然规避了较高的风险，但最终却可能收获平平。

（三）风险厌恶型小组与紧缩型战略

由于风险厌恶型小组不愿意承担高风险，因此这类小组在面对不确定时往往会采取紧缩型战略。在资金运用方面，小组进行固定资产构建的规模一般远低于其他竞争对手，仅保持较小的生产规模；在研发资质以及投放广告时都非常谨慎，避免激烈的正面竞争；投资策略极为保守，以控制支出为主。在资金来源方面，这类小组较少进行借贷，主要依赖权益资金经营，财务杠杆较低。在这样的策略下，企业面临的风险降低了，但同时企业的营收和利润也可能停滞不前，企业的市场份额逐渐被蚕食，最终陷入不利的境地。而如果由于前期策略不当或操作失误导致企业的经营已经困难重重时，小组的风险厌恶程度会增加，这时采取紧缩型战略有利于企业减少亏损、维持经营。

（四）风险中立型小组与稳健型战略

风险中立小组型风险态度介于偏好和厌恶之间，因此这类小组采取的战略形态一般也是介于拓展型和紧缩型之间的稳健型。稳健型战略下，企业保持适中的节奏进行扩产，有计划地研发各类资质，仅在部分市场占据较大的份额，广告支出也控制在合理水平，同时适当借入资金满足日常经营和投资的需要。在操作失误也较少的情况下，企业稳扎稳打，一般可以顺利走完整个运营流程，不会出现破产的极端情况，但也难以获得非常抢眼的利润。

第二节　分次运营的把控

沙盘模拟运营一般分为试运营、练习和正式运营三大阶段，其中，最初一到两次的体验为试运营，最后一次则为正式运营，而练习的次数和频率则可以根据不同的实验目标、课时安排和学员群体灵活调整。

一、试运营：体验操作，熟悉规则

试运营一般是学员在完成基础理论和方法的学习后参与的一到两次模拟运营，学员首次组成队伍，完整地体验模拟运营过程。

在学生端，首先，学员需要熟悉电子沙盘系统的操作界面，理解页面中各个部分的含义和功能，尝试点击选项进行操作，熟能生巧，避免运营时在系统操作上浪费过多时间。其次，在试运营之前，学员都对运营规则有了一定的了解，但印象还停留在较为浅层次的阶段，试运营能帮助学员将抽象的规则理解具象化，让学员真切地体会到规则设置对于市场环境和运营状况的重要影响。在试运营阶段，学员的心态一般较为放松，更多展现的是对于新鲜事物的探索欲，普遍认为这种学习方式新奇有趣，愿意多去尝试各种操作，随心所欲地经营。当然，可想而知，大部分小组的试运营结果都为破产，仅有的少数几个未破产的小组成绩往往也比较低。这一阶段，学员还未正式进入竞赛状态，对运营结果不敏感，即使破产通常也一笑而过，但已经对模拟运营形成了较为完整的感性认识。

教师需要帮助学员实现从理论到实践的过渡，将前期的教学内容以更生动形象的方式融合在实际运营过程中，讲解各个操作步骤的含义，并鼓励学员进行不同角度的尝试，最终达到厘清运营流程和教学衔接的目的，为后续的运营打好基础。在此环节，教师通常会到每个小组，对其运营情况进行针对性的分析。运营结束后，教师也会为还想进行探究的小组再次解析。

二、循环练习：形成风格，打好配合

试运营让学员了解了沙盘模拟运营的概况后，循环练习则帮助学员巩固所学，建立完整的思维框架和逻辑体系，应对模拟运营过程中出现的挑战。模拟运营是动态的，不同的规则设置、竞争对手、时间安排都会影响运营决策和结果的走向。因此，要想在运营中先发制人，取得较好的成绩，并且真正将理论应用于实践，就需要跳出仅仅完成操作的思维局限，应该把握练习的机会，注意观察和思考。

对于学员来说，主要需要注意以下三点：第一，留意市场环境的变化。在模拟运营中，市场对产品的需求是单家企业无法影响和决定的，因此，合理地调整供给就是重中之重。同时有多个小组在经营时，各产品的供给会随着其他小组的产品资质研发和产能调配的节奏变化而变化，学员需要根据市场广告和选单情况以及间谍信息等判断单个产品在某一市场中的竞争情况，据此调整自身的产能安排和广告策略。第二，培养战略思维。在运营开始之前，学员需要根据规则设定、需求情况和竞争组数对运营做出整体的规划和预算，并在这个原则框架下确定出策略调整的基调和方向。运营开始后，面对意料之外的情况或失误也不必惊慌，保持整体的战略步调，有序调整策略，保证运营结果总体可控。第三，主动磨合团队。学员通过运营真实地体验岗位职责，调整与队友之间的合作模式和沟通方式，在高频的互动交流中培养默契，形成稳定高效的团队风格。随着练习次数逐渐增加，学员也逐步从游戏心态向竞赛状态转换，态度从仅仅体验向仔细琢磨转变，相应地，运营的成绩也往往越来越高，为正式运营做充分的准备。

在练习的过程中，教师需要强调循环练习并非简单机械地重复运营过程，并注意引导学员了解企业经营发展的思路，结合其他专业课程的知识以更宏大的视角审视模拟运营，最终内化为运营的操作。由于课程的课时设置有限，循环练习主要在课外由学生自主进行，教师无须全程监督，重点在于集中答疑，解决学员在思路和方法上的共性问题，适当对竞赛技巧进行指导。

三、正式运营：抓住机会，稳扎稳打

有了前期循环练习的积累，学员对沙盘模拟运营的理解又更进了一步，正式运营就是对前期学习成果的一次检验。各个小组大展身手，在较为紧张的氛围下完成运营，在博弈中体会企业经营的乐趣和竞赛的刺激，并为小组争取一个更好的分数和名次。在正式运营后，学员普遍感觉到"松了一口气"，紧绷的神经终于放松下来了，但学员也往往较为在乎正式运营的成绩和其中的得失。通常来说，正式运营的成绩一般可以反映循环练习的平均水平，学员也会根据之前练习的结果调整自己对正式运营成绩的心理预期。

而教师在正式运营中扮演的角色更像裁判，不干预各个小组的决策，也不进行实时的分析讲解，主要负责流程控制和教师端系统操作，确保运营程序和结果的客观公平。同时也需要注意，一次运营的结果不仅受到学员付出努力的影响，也会受到诸多不可控的运气因素干扰。因此，教师在关注正式运营成绩的同时，更需要引导各个小组进行总结和复盘。在本次运营中，小组有哪些做得好或不好的地方？存在失误的原因是什么？关键决策的决策过程和后续影响是什么？团队配合是否默契顺畅？遇到不如意的情况小组是如何反应或化解的？其他小组为什么运营得更好或更差？脱离运营中紧张的氛围，学员更能深入地思考，挖掘导致最终运营结果的主要因素和深层次的原因，并通过对比和借鉴其他小组的思路和方法，得出更完善的方案。

模拟运营的最终目的是服务于真实世界，运营结束后，教师应引导学员思考：今天的运营对企业的经营管理有什么启示？诚然，现实中经营一家企业远比模拟复杂，涉及的利益相关方也更多，决策失误的代价往往也十分惨痛。模拟运营中的盈利或亏损虽不是真实的，但教师仍可以通过真实发生的案例做类比进行分析，帮助学员积累经验，促使学员们在未来的职业岗位上创造更多的价值。

第三节 竞赛需求与介绍

模拟运营融合理论与实践，寓教于乐，是培养学员创新精神和实践能力的重要抓手。在"大众创业、万众创新"的时代召唤下，各机构和单位也积极组织模拟运营相关赛事，吸引的参与者与日俱增。该类赛事主要面向高职、本科、MBA 等学历的学生举办，使用不同的系统或软件作为比赛平台，一般会经过校内赛、省赛、国赛等的重重选拔、评选相关奖项。目前，各级各类的模拟运营赛事已达几十种，参赛人数总计已达上百万人次。

六项知名度较高、影响力较大的模拟运营赛事见表 7-1，请读者查看各大赛官网获取详情，相关通知以官网为准。

表 7-1　模拟运营相关赛事

大赛名称
全国高等院校数智化企业经营沙盘大赛
"学创杯"全国大学生创业综合模拟大赛
"创新创业"全国管理决策模拟大赛
企业竞争模拟大赛
国际企业管理挑战赛
"网中网杯"大学生财务决策大赛

一、全国高等院校数智化企业经营沙盘大赛

（一）大赛简介

大学生是最具创新、创业潜力的群体之一。创新创业教育是适应经济社会和国家发展战略需要而产生的教学理念与模式，在高等学校大力推进双创教育，对于促进高等教育科学发展，深化教育教学改革，提高人才培养质量具有重大现实意义和长远战略意义。

截至 2024 年年底，全国高等院校数智化企业经营沙盘大赛（原全国大学生沙盘模拟经营大赛）自 2005 年发起以来已成功举办二十届，累计吸引超 2 000 所院校、近 4.5 万支队伍、超 20 万学生及近万名教师参与，有效推动了经管实践教学与创新创业教育的融合和相互促进。

（二）组织机构

主办单位：中国商业联合会

（三）参赛队伍

各个代表队由 1～2 名指导教师、5 名全日制本科学生组成。

（四）竞赛内容

大学生沙盘模拟经营大赛将每个参赛队作为一个经营团队，每个团队分设财务总监、生产总监、营销总监、人力总监 4 个岗位。各团队接手一家制造型企业，在仿真的竞争市场环境中，通过分岗位角色扮演，进行模拟企业经营活动。

大赛分为校内选拔赛、省赛、全国总决赛共三个环节，其中省赛为总决赛选拔晋级队伍。

总决赛竞赛平台：新道约创云平台。

（五）奖项设置

（1）参赛选手奖，大赛设一等奖、二等奖、三等奖。

（2）指导教师奖和院校集体奖，根据中国商业联合会竞赛活动管理办法以及比赛队伍所获得的成绩比例及评定一、二、三等奖。

预知更多赛事及相关内容，请扫码了解

二、"学创杯"全国大学生创业综合模拟大赛

（一）大赛简介

在高等学校开展创新创业教育，积极鼓励高校学生自主创业，是教育系统响应国家"大众创业、万众创新"政策指引，服务于创新型国家建设的重大战略举措；是深化高等教育教学改革，全面提升学生综合素质能力的有效举措，是培养当代大学生创新精神和实践能力的重要途径；是落实以创业带动就业、促进高校毕业生充分就业的重要措施。高等学校国家级实验教学示范中心联席会经济与管理学科组自 2014 年开始，到 2024 年已经成功举办了十一届"学创杯"全国大学生创业综合模拟大赛，活动每年吸引全国 30 余万师生积极参与，有效提升了高校大学生创新创业的热情，促进了校际创新创业教育的交流与合作，同时对高校经管实验教学中心与创新创业教育的有机融合与相互促进起到积极的推动作用。

（二）组织单位

主办单位：高等学校国家级实验教学示范中心联席会经济与管理学科组

（三）参赛队伍

参赛者必须是具有学籍的本校在校学生，本科院校学生参加本科组竞赛，高职院校学生参加高职组竞赛。参赛队以学生组队形式参加，每队参赛人员至多 3 人，每个学生至多参加一个队。每队配备 1～2 名指导老师，同一老师可以指导多个队。

（四）竞赛内容

大学生创业综合模拟大赛分为校内选拔赛、省级选拔赛、全国总决赛三个环节。比赛软件采用"创业之星"创业综合模拟软件作为竞赛平台。

（五）奖项设置

省级选拔赛评选一等奖、二等奖，颁发省级获奖证书。全国总决赛按比例评选特等奖、一等奖、二等奖。特等奖团队同时获得"中国大学生学创之星"称号。

三、"创新创业"全国管理决策模拟大赛

（一）大赛简介

为了贯彻落实《教育部、财政部关于实施高等学校本科教学质量与教学改革工程的意见》，大力推动高校经管类实验教学改革，强化实践教学环节，促进学生的能力培养，使学生在实践中深入掌握和运用企业经营管理及决策知识，剖析企业运营过程，提高创业与就业的实践能力，加强高等学校实验教学示范中心的示范和辐射作用，由教育部高等学校工商管理类专业教学指导委员会担任指导单位，全国管理决策模拟大赛组委会主办的"创新创业"全国管理决策模拟大赛，从 2009—2024 年，已经持续举办十六届。"大众创业、万众创新"是时代的主旋律，高校学生在模拟经营实践中，很好地培养了各种创业创新精神，提升了如何在各种复杂条件下做出决策的能力，领悟了如何在困境中生存发展的企业家精神，掌握了如何统领、组织团队完成目标的能力。有鉴于此，将大赛冠名为"创新创业"，体现了时代的召唤，扩大了大赛的影响力。全国各高等学校积极参加模拟大赛，通过大赛的互动和交流，共同促进了高校文科实验教学的改革与发展，进一步提升了各院校的实验教学水平和创新型人才培养的质量。

（二）组织机构

指导单位：教育部高等学校工商管理类专业教学指导委员会

主办单位：全国管理决策模拟大赛组委会

（三）参赛队伍

参赛者必须是具有学籍的各类院校的在校学生，不限学历、学位、专业。参赛队以学生组队形式参加。每队参赛队员只能由 3 人组成，每个学生至多参加一个队。每队配备 1 名指导老师，老师可以指导多个队。

（四）竞赛内容

大赛分为常规赛和淘汰赛，常规赛采用"茶馆论道"企业经营虚拟仿真平台、淘汰赛采用"商道"企业经营虚拟仿真系统平台作为竞赛平台。

校赛、省赛、大区赛、大区复活赛、全国半决赛、全国总决赛进行 6 轮虚拟年度的企业经营决策。各参赛队经营一家虚拟的企业，队员根据现代企业管理知识对该企业每个虚拟年度的经营做出一系列的决策，与同一行业的其他虚拟企业竞争。各参赛队的决策通过企业经营虚拟仿真软件系统处理后，由模拟系统根据公司销售收入、每股收益、投资回报率、债券评级、股票市值、战略评分 6 大要素自动评分，作为比赛成绩。全国总决赛将邀请若干名评委参加，每个行业的前两名将进行总结答辩，名次根据软件评分

和现场总结答辩得分综合决定。

（五）奖项设置

进入全国半决赛及以后级别赛事的团队将颁发由全国管理决策模拟大赛组委会签署的获奖证书。总决赛冠军、亚军和季军，颁发总决赛特等奖证书。总决赛各行业的第 1～2 名，颁发总决赛特等奖证书。总决赛各行业的第 3～8 名，颁发总决赛一等奖证书。总决赛各行业的第 9～16 名，颁发总决赛二等奖证书。

四、企业竞争模拟大赛

（一）大赛简介

1983 年北京大学经济系教师开始自主研发企业经营决策模拟系统，并在教学中使用。全国高等院校企业竞争模拟大赛自 2010 年起到 2024 年已成功举办十五届。实践证明，这种比赛对促进管理理论与实践的结合、促进院校之间的交流、培养学生的竞争意识和团队合作精神具有重要意义。

（二）组织机构

指导单位：中国管理现代化研究会、高等学校国家级实验教学示范中心联席会经管学科组

主办单位：中国管理现代化研究会决策模拟专业委员会

（三）参赛队伍

企业竞争模拟大赛高校组参赛对象为在校注册的专科生和本科生。企业竞争模拟大赛 MBA 组参赛对象为 MBA 培养院校在校注册的 MBA 学生、研究生和本科生，要求每支参赛队至少包含 1 名 MBA。非 MBA 培养单位的研究生院单独组队报名，要求参赛队伍选手必须为研究生。

比赛为团体赛，以学校为单位组队参赛，不得跨校组队。每支参赛队由 3 名具有参赛资格的参赛选手和 1～2 名指导教师组成。参赛队分设总经理、生产经理、财务经理、营销经理（可兼任）等岗位。中国以外参赛选手可利用互联网远程参赛，优秀参赛代表可被推荐参加总决赛，具体由中国管理现代化研究会决策模拟专业委员会负责推荐。

（四）竞赛内容

"企业竞争模拟"是运用计算机技术模拟企业的竞争环境，供模拟参加者进行经营决策的练习。企业竞争模拟能训练学员在变化多端的经营环境里，面对多个竞争对手，发扬团队合作精神，全面、灵活地运用如生产管理、市场营销、财务会计、战略管理等管理学知识和预测、优化、对策、决策等方法，正确制定企业的决策，达到企业的战略

目标。

企业竞争模拟大赛是利用基于互联网的企业竞争模拟系统面向高校大学生的企业经营决策模拟竞赛。在企业竞争模拟比赛过程中，学生分成若干个小组，每个小组代表一家虚拟的企业，通过计算机在互联网上模拟企业经营所需要的市场经济环境，以及经营过程中的各种决策变量（包括生产、营销、财务、人事等）和现实环境中不可避免的偶然因素。各公司在期初要制定本期的决策，包括生产、运输、市场营销、财务管理、人力资源管理、研究开发、战略发展等。模拟软件根据各公司的决策，依据模拟的市场需求决定各公司的销售量，并给出各公司经营结果。软件模拟后各公司可以即时看到模拟结果，然后再根据上期经营状况，做出下一期的决策，直到模拟结束。一个比较完整的模拟过程一般需要7～8期。每期模拟结束时，软件会按照多项经营指标对各公司进行排序。整个模拟结束后，要按照多项指标加权平均评出竞争模拟的优胜者。

比赛平台采用新版企业竞争模拟系统（iBizSim 企业竞争模拟系统），北京金益博文科技有限公司提供比赛软件平台和技术支持。

（五）奖项设置

高校组奖项设置特等奖、一等奖、二等奖、三等奖各若干；评选最佳贡献奖、最佳组织奖、优秀组织奖。

MBA 组奖项设置特等奖、一等奖、二等奖、三等奖若干；评选最佳组织奖、优秀组织奖若干。

五、国际企业管理挑战赛

（一）大赛简介

国际企业管理挑战赛（Global Management Challenge，简称 GMC）是一项拥有欧洲管理发展基金会（EFMD）官方认证的横跨五大洲的全球最大规模企业管理模拟比赛，为一年一度的国际级赛事。它的宗旨是通过仿真模拟的现代化培训手段，在全球范围内提高企业管理及高校商科模拟教学水平，促进各国企业管理技术的规范化。

目前 GMC 全球共有美国、英国、法国、澳大利亚、德国、俄罗斯、巴西、比利时、中国（内地）、中国澳门、中国香港、新加坡、波兰、罗马尼亚、土耳其、西班牙、希腊、匈牙利、墨西哥、葡萄牙、丹麦、乌克兰、芬兰、捷克、拉脱维亚、斯洛伐克、印度、安哥拉、加纳等40多个国家和地区代表队参赛，堪称企业管理模拟的奥林匹克大赛。

自 1980 年首届比赛开始，共有累计超过 9 万支参赛队、40 万人次参赛。全球每年有 15 000 人次（仅中国赛区就有近万人次）参赛。该项赛事自 1995 年引入中国以来，已经连续成功地举办了 30 届，在全国已颇具规模。GMC 已经成为目前中国工商管理模拟商战覆盖面最广、影响力最大的国际级赛事之一。

（二）组织机构

国际企业管理挑战赛组织委员会。

（三）参赛队伍

中国内地赛区参赛队为中国内地全日制高校在校学生，每支参赛队 3～5 人，队员须为具有正式学籍的同一高等学校就读的学生（或学员）。

（四）竞赛内容

比赛由 3～5 人组成的参赛队经营一家虚拟的企业，队员分别扮演总经理及生产、营销、人力资源、财务、研发等部门经理。比赛前队员会得到一本《参赛手册》，内容几乎囊括了经过提炼的企业管理中所遇到的所有问题（如经营背景、市场营销、生产与分销、人力资源管理、财务资产和会计）和详细的比赛方法；队员还会得到一套《公司历史》，内容是参赛队着手经营的虚拟公司最近 5 个财政季度的决策及经营状况。队员根据现代企业管理知识对该企业每季度的经营做出一系列的决策，与同一市场的其他 7 家虚拟企业竞争。

决策涉及企业的发展战略、生产、研发、营销、人力资源、投资及财务等方方面面，同时还穿插金融、贸易、会计、期货、投资、信息技术等许多重要的实务性学科，最大限度地模拟一家公司在市场经济条件下真实运作状况。

各公司的决策由 GMC 核心模拟软件系统处理后，形成公司的《管理报告》，反映该公司决策所产生的市场效果，并以公司股票市场价格作为综合指标，衡量企业经营效果。各虚拟公司根据《管理报告》对下季度的经营做出决策，再次提交由 GMC 核心软件处理，并得到第二季度的《管理报告》。以此形式循环反复，直到第五季度结束，投资回报最高的公司获胜。

（五）中国内地赛区奖项设置

冠军：团队奖金人民币 8 000 元，国际组委会签发个人获奖英文证书，代表中国参加 GMC 国际总决赛；亚军：团队奖金人民币 5 000 元，国际组委会签发个人获奖英文证书；季军：团队奖金人民币 3 000 元，国际组委会签发个人获奖英文证书；全国总决赛第 4 至第 32 名：团队奖金人民币 1 500 元，国际组委会签发个人获奖英文证书。

参加复赛的院校及学生个人获得本年度 GMC 中国赛区全国比赛三等奖；参加半决赛的院校及学生个人获得本年度 GMC 中国赛区全国比赛二等奖；参加全国决赛的院校及学生个人获得本年度 GMC 中国赛区全国比赛一等奖。

中国赛区除决出冠、亚、季军及优胜奖外，还设立华北、东北、华东、华中、华南、西南、西北七个大区荣誉冠军。同时，对于组织工作出色、竞赛成绩优异的参赛院校授予最佳组织奖。

六、"网中网杯"大学生财务决策大赛

（一）大赛简介

"网中网杯"大学生财务决策大赛是在贯彻落实《教育部关于加快建设高水平本科教育 全面提高人才培养能力的意见》下举办的大学生学科竞赛。至 2023 年已举办十一届比赛目的是为深化教育体制机制改革，牢固树立新发展理念，服务建设现代化经济体系和实现更高质量、更充分就业需要，培养学生终身学习发展、创新性思维、适应时代要求的关键能力，统筹推进育人方式、办学模式、管理体制、保障机制，深化高等院校的教育教学改革，为学生职业发展提供良好的氛围，大幅提升新时代职业教育现代化水平，为促进经济社会发展和提高国家竞争力提供优质人才资源支撑。

大赛以"财务人生，决策由我"为主题，面向本科院校学生，通过财务决策竞赛，充分展示当今大学生会计信息应用能力、决策能力、创新能力，激发大学生创新、实践的热情。

（二）组织机构

指导单位：中国高等教育学会高等财经教育分会

主办单位：中国商业会计学会

（三）参赛队伍

本赛项为团队赛：每队由 4 名参赛选手组成，分设运营管理、资金管理、成本管理、财务总监四个岗位；指导老师不超过 2 名，参赛选手必须为本科院校在籍学生。

（四）竞赛内容

参赛选手需要创建一家工业企业，该企业注册资本为 500 万元，经营范围为家电产品，学生模拟经营某年第一季度，总决赛需模拟经营某年第四季度，并进行月度、季度纳税申报。跨年业务还需进行年度所得税汇算清缴。4 名选手需对所创建的企业进行自主决策及运营管理。参赛队伍完成系统设置的比赛数据后，系统自动出具比赛的企业运营成绩和企业稽查成绩。参赛队伍按照学生企业总成绩高低进行最后排名，确定比赛名次。

（五）奖项设置

1. 全国初赛阶段

各大区成绩前八名的院校代表队获得进军全国总决赛资格。一等奖、二等奖、三等

奖分别为各大区参赛队伍规模的 10%、20%、30%。

2. 全国总决赛阶段

特等奖、一等奖、二等奖、三等奖分别为总决赛参赛队伍规模的 5%、15%、35%、45%。

教材配套数字资源

1. 视频："ERP 模拟经营沙盘"慕课

内容介绍："营火"学习应用场景——扎实基础知识：本书关联国家精品在线开放课程"ERP 模拟经营沙盘"，通过讲解与实战训练，辅助读者认识与理解企业模拟经营的知识。

2. 音频：沙沙作响

内容介绍："洞穴"学习应用场景——培养财经素养：规则的巧妙总结、运营计划的

高度概括、团队协作的小诀窍、企业运营关键点的感悟等。

3. 其他相关资料：盘盘相扣

内容介绍："水源"学习应用场景——建立网格化学习习惯：协同使用"书"与"数字资源"，链接相关知识点涉及的其他教材、电子书、文档等资源。

4. AI 互动

内容介绍："生活"学习应用场景——人机资源共建：学习过程中

的答疑解惑、运营决策的机器训练、AI 提示词工程师的体验、文案输出等。

主要参考文献

［1］ 王志宇. 全面预算管理［M］. 天津：南开大学出版社，2017.

［2］ 中国注册会计师协会. 财务成本管理［M］. 北京：中国财政经济出版社，2019.

［3］ 甄妮. 电商企业大数据营销的应用研究［D］. 广州：广东外语外贸大学，2015.

［4］ 于玉林. 会计大百科辞典［M］. 上海：上海财经大学出版社，2009.

［5］ 吴健安，聂元昆. 市场营销学［M］. 8 版. 北京：高等教育出版社，2024.

［6］ 杨宁. 为何要实施供应链管理？［J］. 科学大观园，2015（14）：75-76.

［7］ 刘尔思. 项目投融资理论与创新［M］. 昆明：云南科技出版社，2010.

［8］ 陆明. 中小企业预算管理策略研究［D］. 北京：华北电力大学（北京），2019.

［9］ 姜琳. J 海关滚动预算编制问题及改进研究［D］. 天津：天津财经大学，2019.

［10］ 刘明. 对现金管理中几个重要理论与实践问题的探讨［J］. 辽宁行政学院学报，2007（03）：108-109.

［11］ 钱东人，朱海波. 论实施供应链管理的战略意义［J］. 商业研究，2004（15）：116-118.

［12］ 邵君. 企业现金管理理论与应用研究［D］. 成都：四川大学，2005.

［13］ 王文璐. 基于用户大数据的海尔集团线上精准营销研究［D］. 哈尔滨：东北农业大学，2015.

［14］ 王莉. 现金流量管理与控制系统［D］. 成都：西南财经大学，2008.

郑重声明

高等教育出版社依法对本书享有专有出版权。任何未经许可的复制、销售行为均违反《中华人民共和国著作权法》，其行为人将承担相应的民事责任和行政责任；构成犯罪的，将被依法追究刑事责任。为了维护市场秩序，保护读者的合法权益，避免读者误用盗版书造成不良后果，我社将配合行政执法部门和司法机关对违法犯罪的单位和个人进行严厉打击。社会各界人士如发现上述侵权行为，希望及时举报，我社将奖励举报有功人员。

反盗版举报电话　（010）58581999　58582371

反盗版举报邮箱　dd@hep.com.cn

通信地址　北京市西城区德外大街 4 号
　　　　　　高等教育出版社知识产权与法律事务部

邮政编码　100120

读者意见反馈

为收集对教材的意见建议，进一步完善教材编写并做好服务工作，读者可将对本教材的意见建议通过如下渠道反馈至我社。

咨询电话　400-810-0598

反馈邮箱　gjdzfwb@pub.hep.cn

通信地址　北京市朝阳区惠新东街 4 号富盛大厦 1 座
　　　　　　高等教育出版社总编辑办公室

邮政编码　100029